기도는 내 인생의 완전정복이다

임교회 지음

해피 & 북스

기도는 내 인생의 완전정복이다

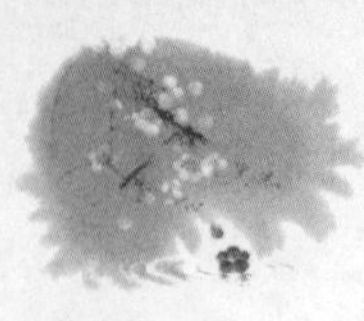

Contents

돕는 배필은
하나님의 선물

"여보? 당신은 나를 사랑해요?"

신혼 때 끊임없이 던진 아내의 질문이다. 내 사랑에 확신이 없어서 일까? 나는 그 질문을 받을 때마다 당황했다. 그리고는 대답한다.

"그런 바보 같은 질문이 어디있어? 당신을 사랑하니까 결혼했지"

하지만 지금 생각하면 사랑에 확신 없어 하는 아내가 이해가 된다. 우리는 둘 다 연애 감정보다는 사명을 위해 만난 사람들이였다. 데이트를 하는 10개월 동안 다른 연인들처럼 사랑의 추억조차 만들지 못했다.

나는 중학교 2학년 때 고향 교회 부흥 집회에서 큰 은혜를 받고 목회에 대한 소명을 받았다. 강사님께서는 남자는 앞으로 배우자를 위해서 기도해야 한다고 말씀하셨는데 그것이 마음에 와 닿아 그 후 나는 배우자를 위해 구체적으로 기도하게 되었다. 첫째 목회자 사모에 대한 사명감이 투철한 사람, 둘째 이 사명을 감당하기 위해서 기도로 준비된 사람, 셋째 사명도 있고 기도를 많이 해도 건강한 사람이어야 한다고 기도했다. 영성 있는 기도만큼이나 건강도 중요하다고 생각했기 때문이다. 그리고 선배 목사님의 중매로 지금의 아내를 만나게 되었다.

우리는 첫 만남에서부터 '서로 다름'에 매력을 느꼈던 것 같다. 아내는 처녀 때부터 다스리고 권위있게 사역을 해온 사람이었다면, 나는 공부하면서 작은 일부터 섬기는 일에 성실했던 것 같다. 그 당시 나는 병원 사역 중 하나로 '라파 선교단'이란 곳에서 찬양과 기도 또는 무의탁 환자들을 돌보는 봉사를 한 적이 있었다. 나중에 들은 이야기지만 아내는 그 일을 하는 나의 모습에 마음이 끌렸다고 한다. 누구나 그렇듯 연애 시절에는 서로 다름이 매력으로 보이고 신기하지만 막상 결혼을 해서 현실에 부딪히면 갈등의 단계로 접어들게 된다.

아내는 성취욕이 강하고 목표의식이 뚜렷했다. 열정이 있었고 진취적인 성격이다. 하지만 나는 계획적이고 즉흥적인 것을 싫어하고 평온한 것을 좋아하며 비교적 침착하고 안정된 편이다. 담대하고 모험적인 아내, 확신있고 설득력이 강한 아내, 주관이 뚜렷한 아내, 본인은 아니라지만 하고 싶은 말 다하는 아내와 남을 존중하고 이해하려는 나, 참을성이 있고 감정을 잘 억제하는 나였지만 우린 많은 갈등을 겪어야 했다. 그러나 우리에게는 서로의 감정보다 더 중요한 사명이 있고 둘 다 이 사명을 위해 존재한다는 생각에는 변함이 없었기에 조율할 수 있었고 서로가 조화를 이루는 방법을 터득해 가게 되었다.

서로의 다름을 인정하면서 조화를 이루려 한 것이다. 아내는 모든 꿈과 비전을 남편인 나를 통해 이루려했던 인생의 계획을 수정해 가기 시작했다. 지금도 아내가 결혼 전 나에게 전해준 성경 말씀을 잊지 않고 있다.

"너희가 짐을 서로 지라 그리하여 그리스도의 법을 성취하라"(갈 6:2).

나는 이 말씀을 늘 기억하며 우리 부부가 갈등을 할 때면 치료제로 사용하곤 한다. 어느 날 기도원에서 금식기도를 마치고 돌아온 아내는 "하나님께서 당신은 선비 목사고 나는 머슴 사모래요"라며 당신은 나같은 능력있는 머슴을 두어서 좋겠다고 말하는 것이 아닌가? 그 말을 하며 너무도 행복해 하는 것이다.

"여보! 이젠 교회와 성도들을 위해서 금식하는 것도 작정 기도하는 것도 기도로 헌신하는 것도 내가 할테니 당신은 손을 들어 성도들과 나에게 축복만 하세요"라고 말하며 "주님! 제가 하지요"라는 작은 액자를 만들어 내미는 것이다. 지금까지는 자신의 부족한 부분을 남편이 채워 주어야 하고 자신이 세운 목표를 남편을 통해 이루려했던 자신의 생각이 얼마나 잘못됐는지를 깨닫는 것 같았다. 그 이후 아내는 "주님! 제가 하지요"라는 표어

를 내걸고 적극적으로 사역을 하되 남편 사역을 돕는 자
로서의 자리를 이탈하지 않으려 애쓰고 있다. 남편의 권
위는 아내가 세워야 한다면서 남편의 그늘에서 사역하
는 자신이 행복하다고 고백한다.

우리 장모님께서 늘 하시는 말씀이 있다.

"김목사는 감사하게. 나에게 여러 자식이 있지만 그
중에 '상딸'을 데리고 갔으니 말이야" 하시면서 아내의
절대적인 후원자이신 것을 강조하신다. 나를 낳아주신
부모님께도 감사하지만 지혜롭고 현명한 어진 아내로,
한 아이의 엄마로도 손색없이 키워주신 장모님께도 늘
감사한 마음이다. 이러한 하나님의 은혜와 사랑과 관심
속에서 우리 부부는 매일 매일 목양일념을 다짐하고 있
다.

지금도 아내는 가끔 묻는다.

"여보! 나 사랑해?"

그럴 때면 지금은 더 자신있게 대답한다.

"사랑해!"

때때로 아내는 하얀 티슈에 분홍빛의 립스틱을 바른

입술을 사랑의 마크로 찍어서 '시'를 써서 건내곤 한다. 자신은 낮에는 사모와 하나님의 손에 들려진 사역자지만 밤에는 남편의 아내가 되고 싶다며 신혼에는 찾아볼 수 없던 모습을 보이곤 한다. 신혼 때는 성도의 가정에 문제가 생겨도 잠을 이루지 못하고 먹을 것을 절제하면서 옆에서 잠 잘 자는 내가 이해가 되지 않았다고 말한다.

　　그녀는 지금 변했다. 아니 점점 더 성숙한 모습으로 변해가고 있다. 이런 아내의 사랑과 관심과 배려가 있기에 나의 목회는 더 풍요롭고 행복하다. 장기간의 금식기도, 자신의 부족함을 채우기 위해 생사를 걸고 하는 금식기도는 나에게 안타까움을 주고 불편한 것 같지만 어찌보면 그것은 하나의 행복한 푸념일 수도 있다. 묵묵히 사명을 감당하고 나의 목회를 돕는 아내의 모습을 보면 하나님은 참으로 약속에 신실하신 분임을 깨닫게 된다. 분명 우리 부부의 '만남'은 하나님의 축복 속에서 이루어진 것을 확신한다.

　어느 작가의 말을 인용하면 세 가지 만남이 있다고 한다. 그 중에 가장 잘못된 만남은 생선 같은 만남이라고 한다. 그러한 만남은 만날수록 비린내가 나는데 이는 곧 서로의 나쁜점이 상대에게 전달되기 때문이다. 그리고 조심해야 할 만남은 꽃송이 같은 만남이다. 피어 있을 때는 환호하지만 시들게 되면 곧 버려지고 말기 때문이다. 그러면 제일 아름다운 만남은 어떤 것인가? 바로 손수건 같은 만남이다. 힘들 때는 땀을 닦아주고 슬플 때는 눈물을 닦아주기 때문이다.

　우리의 인생에 있어 가장 중요한 축복은 만남의 축복인데 나는 지금도 그 축복을 누리고 산다. 서로 돕는 배필로 서로의 재능을 인정하고 도와주며 여기까지 인도하신 하나님께 감사한다. 그리고 아내에게 변함없이 고마움을 전하고 싶다. 나는 아내의 은사를 살려 주의 일을 하려 할 때 기꺼이 좋은 남편으로 멘토로 외조할 것이다. 아내가 힘들어 할 때는 땀을 닦아주고 슬퍼할 때는 눈물을 닦아 주는 그런 남편이 되기를 소망한다. 그리고 나의 아내가 시간이 흐를수록 더욱 매력적인 여자가 되기를 소망한다.

아내에게 받은 기억에 남는 시 한편을 소개하고 싶다.

그대에게!

어깨를 기대고 서로의 버팀목이 되어주고 힘이 되어주자 약속
했지만 때로는 미워하고 실망할 때도 있었지요. 하지만 서로에
게 기대하던 것을 채울 수 없다고 사랑을 포기하지 말아요. 우
리는 사랑으로 완성될 수밖에 없는 사랑으로 빚어진 하나님의
최고의 걸작품이니까요.

사랑하는 당신!

나는 그대에게 아름다운 산이 되고 싶어요. 앙상한 가지에 싹
이 돋아 새 희망을 주고 꽃이 피고 꽃이 지면 녹색으로 옷을 입
혀주고 가을이 되면 아름다운 색깔의 단풍으로 당신의 마음과
삶에 풍요로움의 절정을 느끼게 하는 멋진 산이 되고 싶어요.
노년이 되면 젊었을 때의 영향력을 우리의 후손들에게 남겨줄
수 있는 겨울나무의 눈꽃처럼 환상적인 산이 되고 싶어요. 독
특함과 다양함 그리고 새로운 변화에 더욱 감미로운 사랑과 매
력을 느껴보세요.

비오는 어느 날 사랑하는 Hee

이 글을 읽는 독자에게도 말해주고 싶다. 배우자를 선택할 때 최대한 신중을 기하고 경건한 배필을 찾기 위한 수고를 아끼지 않는다면 어진 아내는 남편의 최고의 재산이 될 것이라고 말이다. 사랑의 길은 좁고 험해서 끝까지 지속하기가 쉽지 않다. 갈수록 성숙한 사랑으로 완성시키기 위해서는 넓은 마음, 이해하는 마음, 용서하고 기다리는 마음이 필요하다. 무엇보다 서로의 다름을 인정하고 축복으로 여기는 마음이 필요하다. 그래서 이 책을 읽는 모든 분들에게 진정한 행복이 있기를 바란다.

늦은 가을에
당신으로 더 행복한 남편(해피맨)

사랑하는
나의 어머니

"엄마가 더 좋아? 아빠가 더 좋아?"

코흘리개 시절 누구나 들어봤을 질문입니다. 나 역시 어린 시절, 이런 질문을 심심찮게 많이 들어왔었습니다. 지금은 그런 질문을 받을 나이가 아니어서인지 대답할 기회가 없지만(혹 질문을 받아도 양자택일하진 않겠죠), 어릴 적에 그런 질문을 받으면 전 주저 없이 "아빠요!"를 외치곤 했습니다. 어린 시절 어머니는 저에게 굉장히 무서운 존재였으니까요. 그때는 철이 없어서 부모님의 사랑표현 방식이 많이 다르다는 걸 몰랐습니다.

어머니와 나의 유년시절을 보고 공통점들을 발견했는데, 그 중에 하나가 바로 무서운(혹은 엄격한) 어머니를 두었다는 점이었습니다. 외할머니를 계모라고 느끼셨다고 말씀하신 어머니. 계모까진 아니어도 나 역시 '어머니'를 떠올리면 '상냥함', '따뜻함' 보다는 '두려움의 대상', '엄한 분'으로 밖에 생각이 되지 않았었습니다. 그건 저에게 두고두고 작은 마음의 응어리였던 것일까요? 머리가 제법 컸을 무렵에도, 어디선가 당신 특유의 낮고 엄한 목소리로 제 이름을 부르시면, 괜한 죄의식에 휩싸여 두려움으로 몸서리를 치는 나였습니다.

그러나 또 한 가지 공통점이 있었습니다, 어머니가 자식들을 위하여 눈물로 기도하시는 모습을 보며 자라왔다는 사실입니다. 저도 마찬가지입니다. 지금도 생각하면 가슴이 뭉클해져 오는 것은 어머니의 기도하시는 모습입니다. 눈물, 콧물… 물이란 물은 다 쏟으시면서 제 얼굴을 붙잡고 기도하셨던 어머니의 모습이 지금도 눈에 선합니다.

　그럼에도 불구하고, 가정과 자식보다는 교회와 성도님들을 더 먼저 챙겨주시고 보살펴 주시는 부모님의 태도에 철없이 아쉬움도 많이 느꼈습니다. 목회자 자녀들끼리 이해 할 수 있는 우리들만의 스트레스. 강단 위에서 말씀을 전하시고, 대중 앞에서 은혜를 주시는 목회자의 자녀라면 분명 많은 성도님들의 사랑을 받기도 합니다. 그러나 자녀들이 세상에서 눈살 찌푸리는 행동을 한다면, 비난의 화살은 자녀가 아닌 목회자에게 꽂히기에 어머니는 누구보다도 나의 생활과 신앙에 무척이나 엄격하셨던 것 같습니다.

　그래서 사춘기 시절에는 나름대로 반항도 해보고 삐딱하게 살아보고도 싶었지만, '어머니의 기도는 자식을 망하지 않게 한다.'는 말을 이루게 하려 하심이었을까요? 중학교 입학을 위해 12년 동안 살아온 시도를 떠나 홀로 도시에 나가게 되었고, 어머니보다 더 엄한 외가댁에서 살게 되면서 나의 의도하려 했던 사춘기는 생각보다 평범하게 지나가버렸습니다. 하지만 아무리 엄하고 무서운 어머니였어도 어머니란 자리는 그 무엇으로

도 채울 수 없는 자리이기에, 어린 나이에 일찍 부모님
과 헤어져서 사는 건 참 외롭고 슬픈 일이었습니다.

　중학교 생활을 마무리 할 무렵, 조금은 뜬금없이 부모
님께서 유학을 권유해 오셨습니다. 이렇게 대한민국에
서 떨어져 사는 것도 슬픈데, 비행기 타고 4시간이 떨어
져 있는 필리핀으로 가서 공부하라니… 그러나 그 당시
만 해도, 입시에 대한 압박과 스트레스, 미래를 위한 꿈
과 열정 같은 것은 일체 가지고 있지 않은 나였기에 나
는 별 생각 없이 비행기에 오르게 되었습니다. 그것이 4
년 전, 나의 필리핀 유학의 시작이었던 것입니다.

　유학 와서 때론 어린아이와 같이 부모님과 함께 살고
싶다고, 보고 싶다고 울면서 어머니에게 떼를 쓴 적도
있었습니다. 어머니 또한 딸에 대한 그리움은 크셨지만,
어머니는 그럴 때일수록 더욱 하나님께 의지하며 딸에
대한 그리움을 달래신다고 말씀해 주셨습니다. 지금 생
각해보니, 필리핀으로 유학을 오게 된 것은 저에게 더
없는 축복의 통로였습니다.

필리핀 유학을 오게 되면서 시도교회 베데스다 사역팀의 사역자로서 훈련하고, 쓰임 받을 수 있게 되었고, 이를 통하여 어머니와 이전과는 비교할 수 없을 정도로 많은 이야기와 영적 교감을 나누게 되었습니다. 이제는 제법 자란 딸을 더 이상 철부지 어린아이로 보지 않으시고, 당신의 친구이자 든든한 동역자처럼 생각하신다는 어머니.

어머니께서 당신의 글을 모아 여러 번 책을 엮으셨지만, 이번에 나올 책은 나에게 굉장히 뜻 깊고 의미 있는 책이 될 거 같습니다. 어머니의 영적 자서전이자 나를 위한 유언, 유산이 될 책이기 때문입니다. "이번 책은 영화를 위한 책인데, 우리 딸이 직접 추천 글을 써주었으면 좋겠다."라는 소식의 전화를 받고 혼자 눈물을 훔치며, 두렵고 떨리는 마음으로 부족하지만 조심스레 글을 적어 보았습니다. 부모님에 대한 나의 사랑은 아직도 한없이 부족하고 모자랍니다. 하나님이 우리를 사랑하시는 것이, 우리가 하나님을 사랑하는 것과 비교할 수 없듯이 말입니다.

주님의 사랑을 대신 전해, 하나님이 이 땅에 보내주신 우리 부모님. 나는 정말 이렇게 멋지고 좋은 부모님을 나에게 허락해 주신 하나님께 감사드립니다. 아무쪼록 이 책이 한국에 있는 많은 부모님들에게 좋은 영적 지침서가 되길 바라며, 또 나와 같은 자녀들에게는 부모님의 사랑, 하나님의 사랑을 깨닫게 해주는 좋은 안내의 글들이 되길 바랍니다.

엄마, 정말 감사합니다! 사랑해요!

2007년 11월 중순,
필리핀에서 딸 영화가

저자의 서문

　　나의 노후를 책임져 주지 못할 재산, 모든 사람이 칭
찬하기엔 부족한 용모, 자신이 자만하고 있기엔 절반밖
에 알아주지 않는 인품, 열심히 하루 운동하면 이틀을
몸저 누워야 하는 체력, 모든 사람에게 은혜를 끼칠 만
큼 영향력을 주지 못하는 설교 등... 이 모든 것들이 나
의 부족한 모습을 드러내는 것들이다.

　하지만 탈무드에 의하면 세상에서 제일 지혜로운 사람
은 늘 배우는 사람이요 가장 행복한 사람은 감사하는 사
람이라고 말한다. 그렇다면 나는 부족한 것이 많은 사람

이지만 세상에서 가장 지혜로운 사람이요 가장 행복한 사람이라고 자신있게 말할 수 있다. 분명 모든 것이 갖추어지지 않은 상황 속에서 감사하고 행복할 수 있는 것은 '능력' 있는 사람만이 가능한 것 같다.

나는 스스로를 격려한다.

"너는 지혜롭고 행복하고 능력있는 여자야"

나는 천국을 향해 여행하는 인생 여정 속에서 하향길이 아닌 상향길을 걷고 있다. 인생이란 능숙한 사람들이 가는 길이 아니다. 한 치 앞을 모르지만 목표를 설정하고 사명을 걸고 힘차게 외쳐본다.

"용감하게 행동하자. 세상은 믿음을 갖고 행동하는 사람에게 길을 비켜준다"

나에게 있어 어제는 역사일 뿐이다.

미국의 한 기관에서 조사한 해피라이프 지수에 따르면 다음 열 가지를 통해 그 사람의 삶의 행복도를 측정할 수 있다고 말한다.

첫째, 유머감각이 있고 잘 웃는 사람

둘째, 인간관계가 좋은 사람

셋째, 스트레스 해소법을 잘 알고 있는 사람

넷째, 기다릴 줄 아는 사람

다섯째, 규칙적인 운동을 하는 사람

여섯째, 자신의 희노애락을 세련되게 표현하는 사람

일곱째, 심플 라이프로 감사생활을 하는 사람

여덟째, 봉사활동을 하는 사람

아홉째, 누군가를 무엇인가를 사랑하는 사람

열번째, 자신만의 영적 우물을 갖고 있는 사람

위의 10가지 문항 중에서 7개 이상이 해당되는 사람은 행복한 사람이라는 연구 결과이다. 다수의 것들이 통과된 나를 보면서 아직 완전하진 못할지라도 스스로에게 흐뭇함을 느끼게 된다. "나는 왜 이 모양일까?"에서 "나를 향한 하나님의 분명한 뜻이 있을꺼야"로 바뀐 자체가 성장인 것 같다. '인생의 완전정복' 이라 하여 다 이루었다 함도 아니다. 다만 여기까지 인도하신 하나님의 은혜 앞에 '에벤에셀' 의 기념비를 세운다는 의미뿐이다.

행복한 사람에서 이젠 행복을 주는 사람이 되기 위해 다시 인생 여정을 걸을 것이다. 40대를 기대감으로 기다렸고 지금도 그 가운데 살고 있다면 50대는 부담감이 크게 느껴진다. 가치 있는 사람이 되기 위하여 나를 내어줄 만한 사명을 위하여 헌신을 다해야 하기 때문이다.

이 책을 내게 된 주요목적은 "신앙이 나를 어떻게 개혁했는가?", "기도가 나를 어떻게 치료해 갔는가?"를 고백하기 위해서이다. 아직 완성되지 않은 인생이지만 지금까지 인생의 해답을 기도란 통로를 통해 찾아왔던 것처럼 앞으로도 남은 인생의 해답을 기도에서 찾을 것이다. 기도는 나의 삶의 완전정복이기 때문이다. 절대로 막연하게 피상적으로 삶을 기대하는 것이 아니다. 기도를 통해 내 마음과 영혼을 드려 가장 깊은 곳에, 은밀한 곳에 주님을 모심으로 그 분의 사랑과 보살핌으로 내 삶을 해결해 갈 것이다.

나는 확신한다. 내가 기도의 줄을 놓지 않는 한 어제보다 성숙한 내일을 맞게 될 것이라는 사실을 말이다. 내

가 사명 중에 예수님의 이름을 존귀하게 사용하는 한 주
님의 권세가 내 사명을 권위있게 할 것이다. 나는 오늘
도 성령님과 교제하려면 가장 낮은 자세, 겸손한 자세로
내 마음의 문을 열어 들여야 하는 것을 안다. 내게 인생
의 참고서인 '기도의 완전정복'을 선물로 주신 하나님
께 모든 영광을 돌린다.

"누가 나더러 황금 면류관을 쓰고 한 나라의 제왕이
되라고 말한다면 나는 그대에게 자신있게 대답하겠습
니다. 그런 사소한 일을 위해 애쓸 시간이 없다고 말
입니다. 한 나라를 다스리는 왕이 되기보다는 왕이신
그리스도를 전하는 노예가 되겠습니다" (찰스 스펄전)

제 1 부
외로움을 고독으로 바꾼 기도

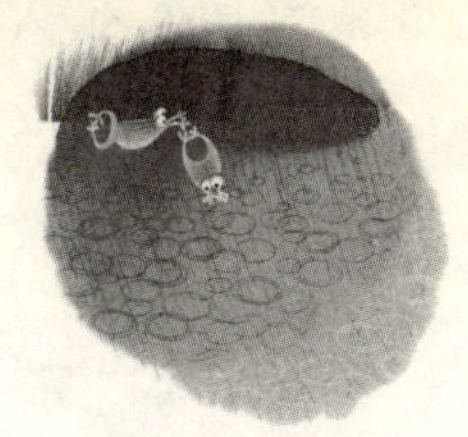

믿음이란 바운더리
속에서
세상을 즐기다

지금 나에게 가장 보고 싶은 사람이 누구냐고 물어본다면 주저 없이 '할머니'라고 대답할 것이다. 어려서부터 우리 형제들은 할머니 쟁탈전을 벌였다. 저녁만 되면 새끼 돼지들이 엄마 돼지의 젖을 차지하기 위해 엄마 품을 파고드는 것처럼 우리들 또한 할머니를 독차지하기 위해 안간힘을 썼다.

착하고 인정 많은 아버지보다 어머니는 가장 아닌 가장으로서의 악역을 많이 감당했다. 그런 부모님의 모습 속에서 우리 형제들이 더욱 할머니의 품을 그리워했던 것 같다. 그리고 내 욕구를 만족하게 채워주지 않는 부모님을 보며 혹시 내가 주워온 사람은 아닐까라는 의심을 자주하곤 했다. 부모님이 내 진짜 부모님이 아닐지도 모른다는 의문을 가져 본 적은 있으나 그렇다고 '하나님이 정말 계실까?', '예수님이 정말 나를 위해 십자가를 지셨을까?' 라고 의문을 가져본 적은 추호도 없었다. 나는 티끌이고 죄인일지라도 하나님의 존귀함이나 전능하심에 도전장을 내민다거나 그 이름을 의도적으로 손상시키지는 않았지만 절대적 신앙이란 바운더리(boundary) 속에서 다른 사람과 달리 나실인의 삶을 산 것은 아니였다.

그 당시 아이들은 학교를 오가는 길 주변에 잘 가꾸어진 농작물을 간식거리로 삼았다. 보리목, 가지, 유채꽃대, 오이, 딸기, 참외 등 돈 들이지 않고도 탐스러운 군것질 거리를 손쉽게 얻을 수 있었다. 어떤 때는 주인 허락없이 몰래 먹다가 발칵되어 주인이 학교까지 찾아와 난리를 치고 아이들을 도둑으로 몰아넣기도 했다. 친구들은 기가 죽어 코가 빠져 있어도 나는 내심 마음이 흐

못했다.

나는 항상 '교회 다니는 아이' 라는 것이 꼬리표처럼 붙어 있었기에 친구들과 서리를 할 때도 내가 직접 손을 대지는 않았기 때문이다. "내가 너희들 가방을 지킬테니 너희들이 내 것까지 따와!"라고 말하며 그들이 가져오는 것을 아무런 죄책감 없이 만족스럽게 먹곤 했다. 그러니 주인이 아무리 난리를 쳐도 내 마음 속에는 "난 아니야, 난 그런 나쁜 짓에 참여하지 않았어! 다만 그들이 가져다 주는 것을 먹었을 뿐이야!"라고 외치며 오히려 내 자신을 대견스럽게 격려하기까지 했다. 지금 생각하면 눈 가리고 아웅하는 우스운 모습이였다.

친구들 사이에서도 나는 늘 리더의 역할을 했다. 신앙생활을 하지 않았던 친구들도 있었지만 그들도 나의 뜻을 적극적으로 따라 주었다. 외형적으로는 리더쉽이 있어 보이고 활달한 모습이지만 나는 항상 외로운 사람이라고 느꼈으며 나 자신을 슬프게 바라보았다. 단짝 친구들도 많았고 그들이 나를 존중도 해 주었지만 나에게는 '외로움' 이란 그늘이 늘 따라다녔다.

나의 외로움은 늘 이상적인 것을 추구하므로 더 깊어졌던 것 같다. 다정한 친구들이 다섯이나 붙어 다녔음에도 다윗과 요나단 같은 친구를 추구했고 이성적 친구로 외로움을 달랜다는 생각은 있을 수 없는 일이라고 못 박았다. 이것은 남다르게 결혼에 대한 일종의 결벽증이 있었기 때문이기도 했다.

점심시간이면 다른 친구들은 점심을 먹고 수다를 떨며 웃고 즐기는 그 시간에 나는 조용한 화장실을 찾아 30, 40분씩 기도했던 기억들은 지금도 잊을 수가 없다. 지금 생각하면 나의 이상이 현실화되게 해 달라는 간절함과 혼자만의 시간이 오염되지 않고 나를 지킬 수 있다는 강박적인 생각이 깔린 기도라 생각된다. 사람에게서 해결되지 않은 외로움을 기도로 해소하려고 했던 것이다.

현실보다 이상을 추구하는 나의 성격은 현실 속에 만족하기보다 상상 속에서 비현실을 즐기고는 했다. 특히 잠자기 전에는 나 혼자만의 상상의 날개를 펴며 혼자 행복해하며 잠이 들곤 했다. 신앙이란 밧줄이 나를 꽁꽁 묶어 놓았고, 양심의 법이 나를 강하게 지배하고 있었기에 육체적 자유는 꿈도 꾸지 못한 채 정신적인 세계에서 빌딩을 지었다 허물었다 하기를 반복했던 것 같다.

공부는 열심히 하지 않았어도 모범생 같아 보이는 행동, 마음과 눈은 세상을 부러워하면서도 한 발짝도 내딛어 보지 못하는 나의 모습은 분명 이중된 삶이였으며 믿음의 바운더리 속에서 세상을 즐기는 삶이였다.

스스로를 힘들게 하며 살아가면서도 내게는 남다른 책임감이 있었다. 그것은 바로 가족에 대한 책임감이였다. 다른 것에서는 나를 포기하지 않아도 가족에게 만큼은 나를 희생하면서라도 돌보아야 한다는 생각을 했다. 그래서 부모님께는 늘 효녀라는 소리를 들었다. 나의 형제들은 위로 언니, 오빠 그리고 나. 아래로는 여동생이 둘, 남동생이 하나로 모두 육남매였다.

순진하고 착했던 언니를 위해서 나는 항상 손톱을 세워야 했다. 언니가 친구들과 싸울 때 무시를 당한다거나 왕따를 당하면 나는 언니 대신 싸웠다. 내가 감당하지 못할 대상이라면 오히려 무릎을 꿇고 울면서 조목조목

따지는 일도 서슴지 않았다. 반면 오빠에게는 늘 양보하는 동생이였다. 집안의 기대와 희망이였던 오빠를 위해 내가 양보하는 것은 당연한 도리라고 받아들였다. 부모님이 계시지만 세 명의 동생들한테도 역시 정신적인 책임감을 느끼곤 했다. 동생들 역시 나를 형제라기보다는 부모님처럼 생각했다. 이런 관계가 훗날 내가 결혼한다고 하자 지금 목회하고 있는 여동생은 언니의 결혼을 받아들일 수 없다고 대단한 반란을 일으키는 일도 있었다.

하나님에 대한 믿음과 신앙, 가족에 대한 남다른 책임감은 있었으나 자신에 대해서는 낮은 자존감을 갖고 있었다. 그런 와중에도 내 자신을 그냥 이대로 묻혀둘 수 없다는 욕망이 몸부림치고 있었다.

그러던 중 정신적으로 의지하고 섬겼던 오빠가 독일 유학을 떠나게 되었다. 오빠가 없는 빈자리를 어떻게 채울까 하는 생각에 불안과 초조함 그리고 앞날에 대한 두려움이 몰아치기 시작했다. 이미 주님 외에는 아무 길도 없음을 아는 나이기에 내 인생의 미래를 놓고 주님 앞에 매달리지 않을 수 없었다. 그래서 택한 것이 장기 금식

기도였다. 다니던 학원 일도 그만두고, 오직 함께 일하던 동료 교사와 담임 목사님에게만 알리고 짐을 챙겨 기도원으로 올라갔다. 죽음과 삶을 넘나드는 금식 기도는 나를 겁 없는 사람으로 만들어 냈다. 그 후의 나의 성격도 신앙도 예전과는 사뭇 달라졌다.

외향성 내향적인 기질의 사람이었기에 활발해 보이지만 우울했던 내가 적극적이고 자신감 있는 사람으로 바뀌었고, 자신의 부족한 모습보다 하나님의 능력을 더 믿었기에 불가능이 없다는 믿음과 신념의 사람이 되었다.

"내게 능력주시는 자 안에서 내가 모든 것을 할 수 있느니라"(빌 4:13)

이 말씀이 내게 주신 말씀으로 와 닿는 순간이었다.

고독한 여인

장기 금식기도 후 나의 삶에 여러 가지 변화가 왔지만 순간 순간 찾아오는 외로움은 사라지지 않았다. 아마도 싱글이기 때문에 더욱 그런가 싶은 생각이 들었다. '좋은 배우자를 만나면 채워지겠지' 라고 믿었다. 하지만 결혼 자체가 인간의 외로움을 해결해 주지 못한다는 사실을 깨달은 것이 나를 승화시켜주는 계기가 되었다. 나는 말하고 싶다. "모든 경험은 과학보다 더 큰 교훈을 준다"라고 말이다.

'외로움' 이란 혼자라는 의미이다. 모든 인간은 혼자이며 이것을 당연한 사실로 받아들여야 한다. 만약 이 외로움을 상처로 받아들인다면 인생의 하향선을 타게 된다. 세상이 나를 버린 것 같고 모든 사람이 나를 외면하는 것 같은 느낌을 받게 된다. 또한 나를 도와줄 사람이 없고 사랑해 줄 사람이 없다고 절규한다. 그래서 죄의 밭으로 뛰어든다든지 우울증에 빠지는 경우가 생기는 것이다. 쾌락, 오락, 향락, 마약, 도박으로 인생을 메우어 보려 하지만 하면 할수록 더 깊은 늪에 빠져 자신을 파멸시킨다.

　우리는 외로움을 그냥 방치해서는 안 된다. 외로움을 고독으로 승화시켜야 한다. 고독한 사람은 혼자임을 선물로 생각한다. 세상에 나와 같은 사람은 아무도 없다고 생각하고 자신의 독특함에 감사한다. 자신이 유일무이(唯一無二)한 존재임을 깨달아 나의 독특함을 나만의 개성으로 살리고 단점이 많아도 기죽지 않는다. 고독의 훈련이 잘 되어 있는 사람은 혼자 있어도 외롭지 않고 많은 사람 속에서도 조화를 이룰 줄 아는 참으로 환상적인 사람이다.

고독이란 하나님과 나만의 깊은 만남이다. 우리는 방해받지 않는 환경에서 그분과 자신에게만 집중할 수 있는 시간과 장소를 만들 필요가 있다. 그리고 그 고독 속에서 우리는 서서히 소유적 태도와 의존적 태도에서 벗어나 건강한 자아로 존재해야 한다. 사실 외로움을 고독으로 승화시키기 위해서는 많은 훈련이 필요하다.

처음에는 내적 혼돈이 펼쳐지기도 한다. 이 혼돈이 너무 산만하여 다시 대중 속으로 뛰어든다면 당신은 다시 외로움의 어둠 속에서 방황하게 될 것이다. 골방 속에 혼자 있는 것이 고독이 아니다. 외적인 방해 세력을 제거했어도 내적인 방해 세력을 정리할 수 있어야 한다. 그러기 위해서는 우선 세상 염려에서 자신을 비울 필요가 있다. 그리고 마음을 비운 나에게 직면해야 한다. 그리고 그 속에서 현실적인 자신을 만나야 한다. 현실적인 자신이 아픔과 고통을 호소한다면 원인을 조용히 찾아준다. 그런 다음 자신을 위로하고 그 때 성령 하나님을 조용히 초대한다. 성령의 은밀한 음성을 통해 건강한 자아를 발견하게 되고 창의적인 사람으로 발전되어 갈 것이다. 고독은 닫힌 문이 아니라 창조의 능력으로 가는 새로운 문이 될 것이다.

나 또한 기도라는 훈련을 통해 어린 시절 가지고 있었던 외로움을 고독으로 승화시켜갔다. 나는 일주일에 하루 정도는 금요금식을 통하여 철저히 고독한 시간을 갖으려한다. 영적으로 생각의 잡다한 쓰레기를 치우고 대청소를 하기 위함이며 또한 정신적으로 무너진 부분을 수축하기 위함이다. 혼자 있다고 고독은 아니다. 영과 혼의 세계를 하나님 앞에서 재정비하는 것이 고독이며 그 속에서 맛보는 하나님과의 구별된 교제가 고독이 가져다주는 참 희열이다. 뿐만 아니라 아무리 번잡하고 바쁘다고 해도 하루에 한 번씩은 순간 순간 창밖을 내다보며 하나님께 사랑의 메시지를 고백하곤 한다.

고독한 사람은 하나님과 친밀할 뿐 아니라 자연과도 남달리 친하게 지낸다. 봄, 여름, 가을, 겨울에 삼라만상(森羅萬象)의 자연을 보고 느끼면서 창조주 하나님께 감사하고 감탄한다. 자연 속에 있을 때 풍요로워지는 자신의 마음을 하나님께 표현할 줄 아는 감성이 풍부한 사람이 된다.

하나님 앞에 간절히 기도하기 위해서는 하나님과만 대면할 수 있는 마음이 필요하고 이러한 마음은 상당 부분, 환경에 의해 지배받게 된다. 나는 거룩하신 하나님과만 대면하기 위하여 고독을 필요로 하고 있다. 외로움이 정신적인 무너짐이라면 고독은 정신적 강건함이다. 하나님의 존전에 홀로 서려면 강인한 정신력과 나만의 시간과 장소가 필요하다. 예수님 또한 공생애를 통해 순간 순간 한적한 곳을 찾아 기도하시며 혼자만의 고독을 즐기셨다. 고독 없이 영적인 삶을 산다는 것은 사실상 불가능한 일이라 생각된다. 하나님과 남다른 깊은 교제를 이루었던 사람들은 대중 속에서 외로움을, 소명 중에 고독을, 영혼의 양식처럼 생각한 사람들이다.

하나님이 우리를 부르신 것은 일을 하기 위함이 아니라 관계를 맺기 위함이다. 외로워하는 자에게 찾아 오셔서 당신의 존재를 정확하게 알려 주신다. 홀로 있지 못하는 자들은 외로움을 달래기 위해 마귀의 속삭임에 넘어지고 말지만 외로울 때 주님을 바라보고 고독을 통해서 하나님만을 조용히 초대한다면 교제의 달콤함과 기도의 능력을 맛보게 될 것이다. 외로움으로 인해 우울 모드가 될 때 마음으로 그 분을 바라보고 고정된 마음으로 기도한다면 하나님의 깊은 뜻을 알게 될 것이다.

고독한 기도는 100% 하나님의 음성에 귀 기울이는 기도이다. 나를 포기하고 주님의 음성에 100% 따르겠다는 태도이다. 외로움이 갈망이라면 고독은 받아들임이고, 외로움이 불완전이라면 고독은 완전하게 준비된 그릇이다.

"말씀만 하옵소서. 내가 듣겠나이다".

기도는 오락이며
즐거움이다

내 삶의 청년 시절은 나름대로 기도에 묻혀 살았던 시기였다. MT나 여행은 상상도 못했다. 나의 삶은 교회 생활로 빡빡하게 스케줄이 짜여 져 있었고 그 곳에서 얻은 보람은 곁눈질 할 수가 없게 하였다. 특별히 새벽기도는 내 삶에 중요한 자리를 차지했다. 목사님께서 맡겨 주신 주일학교 교사를 통한 헌신은 말할 수 없을 정도의 큰 보람으로 다가왔다. 새벽마다 나는 아이들의 생명뿐 아니라 유치부 어린이들의 부모까지 나의 기도 대상에 포함시켰다. 기도의 힘은 대단했다. 12명으로 시작된

유치부 학생들은 기도와 사랑으로 97명까지 늘어나 나에게 영적인 쾌감을 느끼게 했다. 나는 지금도 그 때를 잊을 수가 없다. 작은 능력으로 모든 사람들에게 인정받는 자신이 대견스러웠고 기도만이 나를 나 되게 할 수 있음을 체험한 기회였기 때문이다.

또한, 나는 그 시절에 산 기도를 참 즐겼다. 금요일 날 교회 철야만 한다면 모든 사람과 동등하다는 생각이 들었을까? 아니 좀 더 솔직히 말하면 다른 사람보다 재능이 없고 무능한 나를 성공시키기 위해서 기도라는 신앙적 도구를 선택한 것이다. 토요일마다 천마산 기도원에 올라가 밤새 기도하고 내려오면 목이 있는 대로 잠겼다. 주일날 성가대 지휘자에게 쉰 목소리라고 꾸중을 들어도 나는 결심한다. 나는 성가대도 포기할 수 없고 산 기도도 포기하지 않을 것이라고. 지휘자와는 친한 사이였기에 더 마음놓고 나를 야단친다. 성가대를 그만두든지 산 기도를 그만두라고 하지만 그런 말이 상처가 되기보다는 '미안하지만 나는 둘 다 놓을 수 없다'고 눈으로 싸인한다.

외로움을 달래고 연약한 내가 살아남기 위해 했던 기도. 특별한 재능도 없고 잠재력도 없는 나였기에 길거리에서 스카웃되는 스타처럼 하나님과의 눈맞춤으로 하나님의 관심 속에 나를 넣기 위해 기도라는 바운더리를 벗어나지 않으려 했던 기도가 나에게 점점 큰 기쁨을 주고 있었던 것이다.

어려서는 기도하는 어머니 밑에서 어머니의 눈물의 기도를 보고 자랐기에 슬프고 힘들 때만 기도하는 줄 알았다. 성장하면서 성도는 성경의 명령대로 기도가 의무인 줄 알았고 그 의무에 순종하다보니 기도가 나에게 특권(선물)임을 깨달았다. 선물을 받았으면 주신 분에 대해 감사하는 마음으로 즐겨 사용하면 더 큰 선물이 계속됨을 체험하게 되었다. 이제 나에게 기도는 즐거움이요, 유일한 오락이다.

나는 내 삶에 있어서 오락이란 있을 수 없다고 생각했다. 이상한 결벽증 때문인지 화투, 노래방, 게임 같이 보통 사람이 즐기는 오락은 체질에 맞지 않을뿐더러 그런 것을 즐기는 사람까지 이해할 수 없었다. 오빠가 독일로 떠나는 날 슬퍼하는 나를 위해 친구와 그녀의 약혼자는 그 당시 서울 청량리에 있는 모 디스코 텍으로 데려간 적이 있다. 물론 내가 좋아하지 않을 것을 알면서도 말이다. 난 들어서자마자 정서적으로 적응되지 않음을 느낄 수가 있었다. 항상 마음 속에 '저 안에는 어떤 곳일까?' 라고 품었던 의문은 풀렸기에 친구에게 고마운 마음은 생겼지만 난 친구를 재촉하여 5분 만에 그 곳에서 나왔다.

노래방은 또 어떤가? 어느 해에 속회 단합대회를 위해 성도들과 처음으로 간 노래방에 두렵고 떨리는 발걸음으로 들어갔던 기억이 난다. 외로움을 부추기는 분위기 있는 가사의 노래도 한 곡 불렀다. 하지만 나올 때는 내 마음을 모두 도둑맞은 것 같은 기분 때문에 역시 노래방에서도 매력을 느끼지 못했다.

결국 나는 찾았다! 그리고 느낀다. 세상 그 어떤 오락보다 나에게 즐거움과 기쁨을 주는 진정한 오락을 말이다. 이 오락이 주는 즐거움은 일시적인 것도 아니고 느낌 뿐 아니라 실제적으로 평안과 권능으로 나를 사로잡는다. 그 기쁨과 즐거움을 알기에 세상의 즐거움을 과감히 버릴 수 있었다.

내가 하나님과 가까운 사이가 된 것도 비밀의 관계가 된 것도 기도만이 최고의 선택임을 알았기 때문이다. 칼빈은 "모든 것을 아시는 하나님이 왜 우리에게 기도하기를 원하시는가? 그것은 모든 좋은 것이 하나님께로부터 온다는 믿음을 강화시키기 위해서이다"라고 말했다.

기도를 통해서 환경을 바꾸려 했던 나는 기도가 먼저 나 자신을 바꾼다는 것을 느끼게 됐다.

성도가 기도하지 않는 것은 하나님과 사귐이 없기 때문이다. 따라서 기도하는 사람이 기도의 영을 유지하고 있다는 것은 그 마음 속에 하나님으로 인한 감사와 기쁨이 있다는 것이다. 곧 그 마음 속에 하나님을 사랑하는 마음 때문에 기도라는 통로를 통해 은밀한 만남과 교제를 원하는 것이다.

모세는 기도가 무엇인지를 아는 사람이였다. 특별한 때는 특별한 기도가 필요함을 알았고 특별한 기도 때문에 자신이 구별된 마음을 갖게 됨도 체험했다. 나는 기도 전과 기도 후의 다름을 보게 된다. 기도를 통해 우리는 속된 것으로부터 분리되면서 신령한 만남이 이루어지기 때문이다. 우리의 마음이 정결할수록 하나님과 더 가까이 깊이 있게 비밀한 것을 나누게 된다.

나는 자신의 연약함과 무능함을 느낄 때마다 특별한 기도에 목숨을 걸었다. 능력이 있는 자들은 일반적인 기도로 삶을 이어 갈 수 있겠지만 나는 그것만으로는 부족한 사람이었다. 능력의 예수님도 이 땅에 구속사를 이루기 위해서 남다른 기도를 하셨는데 부족한 내가 주님을 흉내내려면 얼마나 많은 기도가 필요하겠는가?

나는 나를 너무도 잘 안다. 부족함 뿐 아니라 성급하고 분노하며 주관적이고 완벽주의 성격 그리고 성숙하지 못한 모난 부분 때문에 거룩하신 하나님께 부끄러울 때가 많다. 그래서 나 자신의 성화를 위하여 금식기도를 자주, 아니 많이 한다. 우리 부부를 특별히 아끼고 사랑해 주시는 목사님이 계시다. 그 분은 연세가 많으시지만 금식기도와 특별한 기도를 많이 하신다. 나를 향한 안타까운 마음과 사랑 때문에 금식 속에 살아가는 나를 보고 배냇병신이라고 말씀하신다. 그 배냇병신은 태어날 때부터 갖는 장애이기에 고칠 수 없다신다. 물론 표현은 그렇게 하시지만 난 그 목사님의 말씀 속에서 격려와 지지를 느낀다. 나의 금식기도에 아픔과 진절미를 느끼는 사람은 사실 우리 남편 목사님이다. 사명도 건강해야 감당할 수 있다는 남편은 금식도 중요하지만 건강을 생각해서 자제 좀 하라고 한다. 또한 사람과의 관계를 중요시하기에 식사할 일이 생길 때마다 혼자 성도들과 교제하는 것에 불편함을 느끼곤 한다.

여러 가지 우려에도 불구하고 내가 섬 목회 20년 이상을 할 수 있었음도 나를 절제하며 다스릴 수 있는 금식기도가 있었기 때문이라 확신한다. 난 어려서부터 잔병치례를 많이 했고 마른 체형은 아니어도 약골이었다. 그래서 내 인생을 '짧고 굵게' 라는 모토(Motto)를 갖고 외치곤 했다. 신장염으로 위장병으로 알레르기로 인한 두드러기, 기관지염 등 많은 잔병 때문인지 짧고 굵게라는 인생에 목표를 걸고 끊임없는 절식과 단식 등을 감행했다.

우리 성도들은 지금도 나의 육체적 건강을 염려하여 하나님께 매주 건강에 대한 소원 예물을 드린다. 난 지금 매우 건강하다. 40밖에 못살 것 같았는데 지금은 아주 긴 장기 계획으로 사역을 준비할 만큼 여유가 생겼다. 내가 이렇게 건강할 수 있음은 누가 뭐래도 기도 덕분이다. 나의 특별한 기도는 항상 성령님과 천사가 도와주는 기도이다. 기도하면서 자기 육신의 힘을 소진한다 하여도 하나님께서는 버려두지 않으심을 체험하기 때문이다. 문제는 우리가 육신의 힘을 다하리만치 기도로 자신을 바치지 않는다는 것이다.

나는 기도가 십자가의 정신을 갖고 하지 않으면 무의미하다고 생각한다. 적당히 자신의 목표를 이루기 위한 기도는 부활의 기적을 맛보지 못한다. 십자가를 지시기 위해 기도하신 주님은 내 뜻을 관찰시키려 하지 않으셨다.

"내 뜻대로 마옵시고 아버지의 뜻대로 하옵소서".

내가 죽어 하나님의 뜻을 이룰 수만 있다면? 이란 희생의 각오가 담긴 금식이어야 한다. 나는 금식 기도 때문에 비난도 많이 받는다. 하지만 나는 포기할 수 없다. 내 안에 솟아나는 이기적인 요소 죄와의 싸움이며 거룩하신 하나님을 특별한 장소에서 만나는 기쁨을 무엇으로도 대신할 수 없기 때문이다.

다니엘과 세례요한의 차별된 생활 패턴이 늘 부러운 나는 평생 꿈꾸는 삶이 있다. 일일 일식이다. 분명한 목적과 함께 이 생활을 평생 계획하고 있다. 예수님은 기도의 모범을 보이셨다. 친히 삶 속에 모범을 보이셨듯이 지도자가 아닌 인도자가 되고 싶고 기도를 시키는 자, 가르치는 자가 아닌 기도의 모범을 보이는 자가 되고 싶다.

자기통제가
가능한 기도

아브라함은 하나님의 존전에서 자신을 티끌이라고 고백했고 다윗은 자신을 벌레라고 고백했으며 베드로는 나는 죄인이라고 고백했고 사도 바울은 죄인 중에 괴수라고 고백한다. 나는 나를 환자라고 고백하고 싶다.

나의 완벽주의 성향은 분명 성격적 장애였다. 그것은 인정에 굶주린 강박적 추구였다. 완벽주의를 장애로 취급하는 이유는 사람이 자신의 행동을 완벽하게 통제하는 것이 불가능한 일이기 때문이다. 자신의 행동을 완벽하게 통제하지 못하기 때문에 우리가 안간힘을 쓰다가 좌절을 느끼고 비관적인 생각, 자기연민에 빠지게 되는 것이다. 내 주변의 세계를 완전히 통제할 수 있다면 상처받는 일은 없겠지만 그것이 현실적으로 절대 불가능하기 때문에 무질서나 무지에 대한 두려움에서 자신을 보호하기 위해 '과잉 통제'라는 방법을 쓰는 데에 이르게 된다. 완벽주의 장애로 인한 자기 통제로 육체는 통제할 수 있어도 생각이나 감정 통제는 불가능하다. 인본주의자들은 인간의 힘과 지혜를 사랑하여 자기 통제를 할 수 있다고 말하지만 인간의 노력은 언제나 피상적이고 유해한 변칙들 투성이다. 그래서 이것만으로는 절대 불가능하다. 이 세상의 지식과 학문으로 이 장애를 극복할 수는 없다.

나 또한 어려서부터 하나님의 진리와는 상관없이 "이것은 안돼, 저것도 안돼" 등의 말을 일삼으며 자기 통제의 달인적인 행동을 보였다. 하지만 내 안에는 성취감보다 상실감이 더 컸고 자신감보다는 자괴감이 더 컸던 기억뿐이다.

또한, 완벽주의자들은 지나치게 책임감이란 짐을 지고

무거워한다. 그 밑바닥에는 '선행을 하면 보상을 받겠지'라는 전제가 깔려 있다. 그런데 자신을 과잉 통제하면서 책임감이든 선행이든 여러모로 노력했는데도 상대가 인정해주지 않는다거나 보상이 없다면 패배감, 자책감, 비난에 대한 두려움, 심한 분노, 불안감 등을 느끼게 된다.

나 역시 책임감으로 인한 유익과 보상, 인정과 대가가 만족스럽지 못할 때 실망과 함께 엄청난 분노가 폭발되곤 하였다. 완벽주의 성격인 나를 통제하기 위해서 안간힘을 써보기도 했다. 통제된 자신의 순결함을 들어 하나님께 조건부 기도를 할 때도 있었다. 다른 사람과 비교하며 불공평한 하나님이라고 생각하기도 했다. 하지만 기도 중 성령 하나님은 나의 강박적 추구 사이클을 깨뜨리기 시작하셨다. 완전해지려고 애쓰는 자체가 질병이라는 깨달음을 주셨다. 물론 완전해가려는 노력은 필요하지만 사람은 완전할 수 없는 존재임을 알게 하셨다.

그러면서 '나는 과연 하나님으로부터 받은 것에 대해서 얼마나 보상해 드리는가?' 라는 질문을 던지게 하셨고 끊임없이 나를 용서하시는 하나님을 알게 하셨다. 주님도 나를 위해 분노보다는 용서하기를 주저하지 않으셨는데 용서보다 분노가 앞섰던 내 모습을 보게 하시며 용서는 분노를 중화시킨다는 진리를 깨닫게 하셨다. 감히 용서라는 단어보다는 하나님 앞에 서 있는 나 자신보다는 완벽주의란 환자 앞에 서 있는 내 모습을 긍휼히 여기게 된 것이다. 이 모든 것이 내 힘으로는 불가능했지만 하나님 앞에 무릎을 꿇고 나의 연약함을 발견해 갔기에 은혜를 통한 눈물이 치료제가 되어 나를 변화시킨 것이다. 내가 깨닫는 만큼 은혜의 땅이 넓어져가므로 행복과 여유가 생기게 되고 지금은 나를 억누르던 모든 것으로부터 자유함을 얻게 되었다. 전에는 유행가 가사가 상황에 맞게 떠오르면 영혼이 세속되는 것 같아 머리를 흔들곤 했다. 그러나 이젠 유행가도 복음성가 같은 은혜로운 감성으로 다가오며 부를 수 있는 자유함이 생겼다.

완벽주의적 성격 뿐 아니라 우리의 내면의 여러 가지 장애를 살펴보면 어린 시절이나 성장 과정에서 고통으로 얼룩진 상처가 정서적 감정의 장애를 만들고 그 감정의 장애가 성격과 인격에 치명타를 입히게 된 원인임을 알 수 있다. 이 상처를 치유해야 우리의 감성과 인성이 새로워질 수 있다. 그렇다면 과거의 상처를 어떻게 치유할 수 있을까? 바로 기도를 통한 하나님의 직접적 치유가 있어야 하는데 그 치유는 지금도 계속된다.

먼저 자신에게 절대적 존재 하나님이 계심을 신뢰하며 믿어야 한다. 그 분은 내편이시고 나를 위해 아들을 주기까지 사랑하신 분임을 고백해라. 우주적인 하나님이지만 나의 하나님이요 나를 위해 존재하신 하나님임을 개인적인 관계 곧 실존적 관계를 맺어야 한다. 하나님과의 관계가 두려운 하나님에서 은혜와 사랑의 하나님으로 전환 될 때 이런 성격 장애에서 벗어날 수 있게 된다. 우리를 도우시는 성령 하나님께서 진리의 다양한 통로를 통해 깨닫게 하심으로 우리를 치료하시고 보수하신다. 그리스도를 통한 하나님의 바른 관계가 모든 것을 해결할 수 있는 열쇠가 되는 것이다.

나의 남편은 본인의 인생에 있어서 정말 잘 한 것 세

가지가 있다고 고백한다. 첫째는 목회자가 된 것이요 둘째는 나를 만나 결혼한 것이요 셋째는 나를 상담 공부시킨 것이란다.

상담 공부를 통해 내 행동과 성격의 이면의 심리를 알 수 있었고 자신을 억압하던 모든 것에서 은혜로 해방되게 된 것이다. 남편이 잘한 일 중 하나라고 생각할 만큼 나의 완벽주의적 성향이 얼마나 심각했는지 알 수 있는 말이다.

나로부터 나오는 자기통제가 위와 같은 악영향을 끼친다면 이와 반대로 신앙적 자기 통제는 어떨까? 신앙 안에서의 자기통제는 자신과 타인의 장기적인 유익을 위해 자신의 감정과 행동을 관리하는 것이다. 병적인 자기통제는 육체적인 행동의 통제는 가능해도 내적인 감정과 생각을 통제하지는 못한다. 하지만 신앙적인 믿음의 자기통제는 내면의 세계를 다스리고 견고함 속에 자유와 여유로움으로 육체의 이미지까지 밝게 해 준다.

이렇게 신앙 안에서 자기 통제가 건강하게 훈련된 사

람은 사회생활에서나 공동체 생활에서 하나님께 덕을 세워드린다. 정욕이나 시기, 질투, 충동적 소비 등이 내면속에 감추어져 있다 할지라도 말씀의 힘과 기도의 힘은 정신적 에너지가 되어 악한 성벽을 무너뜨린다.

인간의 본성이 악을 향하도록 되어있기에 인간 자체는 빛보다 어두움을 좋아하게 되어있다. 그러나 하나님은 선하시고 죄와 상관없으신 분이기에 믿음의 사람을 선으로 이끄신다. 하나님의 은혜 안에 거할 때 빛으로 인도함을 받게 된다. 인간의 내면에는 빈자리가 있다. 그 빈자리는 하나님이 우리를 창조하실 때 하나님을 의지하고 살도록 비워 놓으신 공간이다. 곧 하나님의 영의 자리이다. 그런데 아담과 하와는 하나님처럼 되고자 하는 욕심과 욕망으로 그 빈자리를 메우어 버렸다. 그래서 인간이라면 누구나 선천적 결함 즉 죄성을 가지고 태어날 수밖에 없다. 그런 인간을 나는 이렇게 표현하고 싶다.

"인간은 태어날 때부터 중고차이다."

애초부터 우리는 잘못된 부속이 자리하고 있었다. 하

나님이 있어야 할 자리에 죄가 자리하고 있기 때문에 우리는 충족 혹은 만족을 느끼지 못하게 된다. 그렇다고 실망할 필요는 없다. 비록 중고차와 같은 인간일지라도 이 모습 그대로 살아가서는 안 된다. 잘못된 부속이라면 새 부속으로 바꾸면 된다. 애초에 있어야 했을 하나님의 영의 부속으로 갈아 끼우면 새 차 곧 완제품이 될 수 있다. 십자가를 지시고 부활하신 예수 그리스도의 영으로 바꾸어라. 예수 그리스도의 영으로 우리의 영혼이 건강해진다면 정신세계는 그 영의 통제를 받게 된다. 또한 정신적으로 건강하면 육체의 통제도 가능하다.

"네 영혼이 잘됨 같이 범사가 형통하리라."

사실 우리에게는 전인적 건강을 지배하는 세 가지 주체가 있다. 첫째로는 육신의 스위치이다. 하나님은 유일하게 인간에게만 자유의지를 주셨다. 내 빈 공간에 죄를 받아들일 수도 있고 선을 받아들일 수도 있도록 하는 것이 '의지'이다. 두 번째, 성령의 스위치이다. 하나님의 주권을 인정할 때 내 의지를 초월하여 선한 곳으로, 아름다운 곳으로 인도하시는 성령님의 손길을 느낄 수 있을 것이다. 마지막으로 사단의 스위치이다. 사단의 영은 우리가 이 땅에 존재하는 한 계속해서 우리를 유혹한다. 때로는 나 자신조차 느끼지 못하도록 미혹한다. 사단의 영은 내 마음 깊이 숨겨진 쓴뿌리와 연합하려고 한다. 고질적인 악한 행위나 습관으로 탈바꿈해 내 자신을 넘어뜨리려 한다. 이 사단의 영은 인간의 힘으로는 대항할 수 없다. 다만 예수님의 이름을 다운받아야 다스릴 수 있다. 컴퓨터에서 필요한 정보를 다운받듯 우리는 예수님의 이름을 다운받아야 한다. 내 영적 삶의 반역자 사단은 우리가 하나님의 은혜로 풍성하고 만족해 할 때 무릎을 결국 꿇게 될 것이다.

바울은 자족하기를 배웠기에 죽음 앞에서도 복음을 부끄러워하지 않고 모든 사단의 장애를 뛰어넘어 복음의 전도자로 역사적 인물이 되었다. 이 땅에서 예수님보다 더 많은 사역을 이룬 바울은 영적으로 풍성한 사람이었고 영과 육의 자기 통제가 가능한 사람이었다. 우리 또한 믿음 안에서 나를 통제해 간다면 바울보다 더 풍성한 사람이 될 수도 있다.

"항상 기뻐하라 쉬지 말고 기도하라 범사에 감사하라 이는 그리스도 예수 안에서 너희를 향하신 하나님의 뜻 이니라" (살전 5:16-18).

믿음과 인격을
쌓아가는 기도

믿음과 성품.

믿음이 하나님에게로부터 내려온다면 성품은 그 사람의 집합체이다. 이는 유전적 요인과 자라온 환경, 교육이나 학습 등을 통하여 만들어진 집합이라고 할 수 있다. 어떤 것은 유전적으로 타고난 것이고 또 의도적으로 만들어진 것도 있다. 사도 베드로에게서 두 가지 예를 쉽게 볼 수 있다.

그는 천성적으로 성급한 사람이였지만 자기 훈련을 통하여 믿음직한 성품의 사람이 되었다. 그는 믿음과 인격이 갖추어지면서 진정한 신앙고백을 통하여 예수님의 마음을 감동시켰고 예수님은 베드로로 하여금 교회의 반석이 되도록 명하셨다. 성경에 비추어진 베드로의 모습을 보면 그가 회심하여 모든 것을 버리고 예수님을 좇았지만 그는 믿음에 비해 균형을 이루지 못한 성품 때문에 수년간 고생했던 것을 볼 수 있다. 그는 생각하지 않고 행동부터 앞세우기 일쑤였고 결정적인 순간에 예수님을 부인하는 겁보였고 유대인들 앞에서 자신의 정당함을 피하려다 후배인 바울로부터 핀잔을 받기도 했다. 하지만 그는 성령을 받은 후 경건한 성품으로 자신을 의도적으로 변화시켜 나가는 것을 볼 수 있다.

"그가 신기한 능력으로 생명과 경건에 속한 모든 것을 우리에게 주셨도다 너희가 정욕을 위하여 세상에서 썩어질 것을 피하여 신의 성품에 참예하는 자가 되게 하려 하셨으니 이러므로 너희가 더욱 힘써 너희 믿음에 덕을, 덕에 지식을, 지식에 절제를, 절제에 인내를, 인내에 경건을, 경건에 형제 우애를, 형제 우애에 사랑을 공급하라"(벧후 1:3-7).

우리는 신의 성품 곧 예수님의 성품을 닮기 위하여 의도적인 노력이 필요하다. 즉 자기 결심, 자기 결단이 성품을 만들어 가는데 첫 출발이 된다는 사실이다. 사람은 부서진 채로 태어난다. 그리고 그것을 고쳐 가면서 살아간다. 하나님의 은혜는 그 부서진 것을 붙이는 접착제이다. 믿음의 사람이 인격적인 사람으로 변화하려면 은혜로운 사람이 되어야 한다. 성격 자체를 수정해가려면 진전없는 싸움 속에서 대단한 노력과 인내가 필요하다. 물론 노력과 훈련도 필요하지만 먼저 하나님의 은혜를 깨닫고 그 은혜에 감격하는 기도를 통해서 마른 땅에 샘물이 터지고 사막에 물이 흐르는 것처럼 모난 성격들이 교정될 수 있다.

은혜는 하나님의 주목을 끈다. 은혜는 사람의 주목도 끈다. 부드럽지만 강하고 강하지만 부드러운 양면의 조화속에서 하나님의 형상을 나타내는 것이 은혜로운 사람이다. 은혜로운 사람은 말, 태도, 행동 등에서 빛을 발한다. 그들은 하나님께는 진실하고 믿음직한 일군이며 사람들과의 관계에서는 편안하고 따뜻하고 평온하지만 진리를 선포할 줄 아는 매력적인 그리스도인이다. 믿음이 좋다고 모두가 은혜로운 것은 아니다. 믿음이 좋아도 율법적이고 도덕적인 성향이 그 믿음을 지배한다면 은혜를 왜곡하게 되고 잘못 판단하게 된다. 한 예로 미국의 프로 사이클링계에서 가장 빛나는 영웅으로 손꼽혔던 랜스 암스트롱은 그야말로 비범한 사람이였다.

1990년대 후반 고환암 3기로 투병하는 중에도 그는 프랑스 일주 국제 사이클 대회에서 네 번째 우승을 한 참으로 대단한 사람이였다. 그는 하나님을 믿는 사람이였고 상상할 수 없을 만큼 힘든 상황에서도 고생을 참아 냈고 역경을 이겨 냈으며 자기 훈련을 하고 사람들과 올바른 관계를 맺는 일에 헌신을 다했던 사람이다. 그런데 그의 신앙에 대한 개인적 회상을 보면 세속적인 사상의 영향을 받고 있음을 보게 된다.

"나는 간절히 원하는 바를 기도하지는 않는다. 내가 자라면서 종교에 대한 불신감을 키워왔지만 여전히 나는 믿음을 가질만한 존재의 사람이라고 느끼고 있다. 내가 믿음을 가져야 하는 이유는 내가 선한 사람이 되어야 하기 때문이다. 선한 사람은 공정함, 정직함, 고결함의 성품을 가진 사람을 의미한다. 내가 우리 가족을 선하게 대하고 친구들에게 진실하다면 내가 속한 공동체에도 기여하는 것이 될 것이다. 내가 살아가면서 거짓말 하지 않고 도둑질 하지 않고 남에게 해를 끼치지 않으면 내 믿음은 그것으로 충분하다고 믿는다. 내가 세례를 받았든지 타종교에서 같은 의식 절차를 밟았을지라도 내 인생이 끝나는 날 저 세상에서 심판하실 그 분 앞에서 내가 진실한 삶을 살았는지에 대해 심판받기를 바란다.”

나는 이 분의 고백이 너무도 삶에 대한 자신감으로 가득함을 볼 수 있고 믿음이 아닌 신념의 사람이라고 말하고 싶다. 자기 분야에서 최고가 되었고 누구도 흉내낼 수 없는 역경을 지독한 신념으로 이겨낸 인간 승리의 사람, 비범한 사람임에는 틀림이 없다. 하지만 은혜의 사람, 믿음의 사람이라고는 말할 수 없을 것이다. 자신을 아름답게 보고 세상을 아름답게 볼 수 있는 사람은 은혜의 사람이다. 은혜의 사람은 자신의 신념이나 의를 절대 내세우지 않는다. 자라나는 환경 속에서 거절당하며 살아왔던 것들이 상처가 되고 분노가 되어 성품을 모나게 했다면 "수고하고 무거운 짐진 자들아 다 내게로 오라 내가 너희를 편히 쉬게 하리라"라는 믿음을 갖고 주님을 영접함으로 거절의 아픔에서 치료받을 수 있다. 사랑에 굶주리고 인정받는 일에 굶주렸던 것들이 마음의 상처가 되어 항상 쫓기며 두려워하는 마음 때문에 죄책감과 열등감에 빠져 있었지만 임마누엘의 하나님이 나를 보호하시고 지키시니 상한 감정으로 인해 잘못된 성품들이 치료되어가고 있음을 감사하게 된다.

은혜의 수위를 높이기 위하여 기도와 사랑에 빠져라. 우리는 기도를 통해 인격의 벽돌을 쌓아간다. 믿음의 사람이라 하여 하루 아침에 성인이 되는 것은 아니다. 기도를 통한 깨달음과 말씀의 벽돌, 사랑의 접착제를 통하여 반석과 같은 믿음과 인격을 갖추게 되는 것이다. 하나님은 모든 위대한 일들을 무릎 꿇는 모습으로부터 받으신다.

내가 존경하는 사람은 테레사 수녀님이다. 그래서 어

느 날 남편에게 내 꿈은 테레사 같은 사람이 되고 싶다고 했더니 남편은 너무도 거리가 먼 것 같은 내용을 담은 웃음을 지으며 "여보! 무슨 테레사가 그렇게 화려하냐?"라고 농담 반 진담 반으로 말했던 기억이 난다. 물론 외형상으로도 문제가 있겠지만 그 분의 성품이나 인격의 전인적인 면에서 나와는 거리가 먼 것 같다.

"나는 현대판 테레사가 될 거예요"라고 마무리는 했지만 스스로 인정할 수밖에 없는 부분들이었다. 믿음으로 진리를 얻었고 진리가 나를 자유케 했으나 그 자유함이 방종이 아닌 은혜가 되어야 신의 성품에 참예하는 자가 될 것이다.

은혜로운 사람은 강박적이지 않다. 강박적인 사람은 삶의 바운더리를 자기 중심적으로 울타리를 처 놓고 그곳에서 스스로가 우물 안 개구리가 되어 살아간다. 자신에게 어떤 실수와 착오가 생기면 자기 스스로를 학대하는 스타일이다. 하지만 은혜로운 사람은 자기 자신을 징계하기보다 위로하길 잘한다. 실수와 시행착오가 실패의 원인이 될 수 없다고 격려한다. 자신에게 넉넉한 사람은 타인을 배려하는 마음도 다른 사람의 가치를 인정하는 마음도 넉넉하다보니 여유롭고 풍요롭다. 많은 사람들과 공감대를 형성하지만 독특한 자기만의 개성도 그 사람만의 매력이다.

혐오감을 주는 사람, 거부감을 주는 사람이 아니라 당당하지만 겸손한 사람. 멋을 아는 사람이지만 미소가 살아있는 사람. 가난한 사람이지만 나눔이 있는 사람. 실력이 있지만 섬길 줄 아는 사람이 진정한 은혜로운 사람이라고 말하고 싶다. 누구나 자신만의 매력을 갖고 있다. 하지만 그 매력을 믿음 위에 세워라. 그럴 때 인격의 성이 쌓여져 예수님의 성품을 닮게 될 것이다.

나의 매력은 카리스마이다. 헬라어로 은혜의 은사라는 의미를 지니고 있다. 아직 미흡하지만 나의 매력으로 키우고 싶은 나만의 설정이다. 세상적으로 이해되는 카리스마는 외향적인 사람으로 명쾌하고 유쾌한 성격을 가지고 사람들을 몰고 다니는 사람이라면 내가 원하는 영적인 카리스마는 다르다. 은혜의 사람으로 자신의 은사를 분명하고도 확실하게 어필할 수 있는 용기의 사람이 되고 싶은 것이다. 은혜로운 은사 '카리스마'로 나의 매력을 발산하려면 사람을 이끄는 자석과 같은 특성을 갖고 있어야 한다. 모든 사람들에게 '관심'이 있어야 그들의 필요를 감지할 수 있고 보살필 수 있기 때문이다. '도움'을 줄 수 있는 능력도 있어야 한다. 내 안에 능력은 능력이 아니다. 그들이 요청하기 전에 먼저 손을 내밀 수 있는 여유있는 마음이 필요하다. 인격의 그릇이 좋은 동기로 준비되어 있다면 채우시는 분은 주님이시다. 내가 준비해야 할 것은 도움을 줄 수 있는 여유로움뿐이다.

또한 많은 사람들에게 영향력을 줄 수 있어야 매력적인 카리스마의 소유자로 인정될 것이다. "내가 무엇을 할 수 있을까"로 겸손하게 다가선다면 분명 내가 해야 할 일이 보일 것이다. 내가 할 수 있는 일과 함께 협력해야 할 일, 주님의 절대 권한의 일 등을 분별하면서 내가 할 수 있는 일을 우선 순위에 두면 된다. 마지막으로 모든 사람과의 만남 속에서 동기를 부여하는 자가 되고 싶

다. 그럴 때 그 만남이 특별한 만남을 이루게 할 것이
다.

"나는 망해도 당신은 흥해야 합니다". "내 사랑으로
당신이 행복했으면 좋겠습니다". 이것이 내가 추구하는
'카리스마' 이다. 다른 사람을 행복하게 하기 위하여 예
수의 이름으로 격려해주고 그 사람의 장점과 독특함을
인정해 주고 용서를 구할 줄도 알고 용서할 줄도 아는
명쾌한 사람이 되고 싶다. 우리의 기도에 귀 기울여 주
는 하나님 아버지처럼 아픔과 고통, 슬픔, 기쁨을 말하
고 싶어 할 때 눈을 맞추며 귀 기울여 주는 매력 있는 여
자이고 싶다. 여자의 매력이 갈비뼈 정신인 것처럼 돕는
자로서의 '카리스마' 는 지혜 있는 여자이어야 함을 안
다. 상냥하고 센스있고 교양을 갖춘 진취적인 매력을 갖
고 싶다.

은혜의 카리스마로 자신의 매력을 발산시키기 위해서
내면을 강화하는 훈련은 필수과목이다. 그러기 위해서
는하나님의 성전 된 마음에 평안으로 장식하길 바란다.
위축되거나 주눅이 들지 않는 당당함으로 두려움을 퇴

치해야 한다. 억압된 율법이 아닌 진리 안에서 자유로운
자가 되어 안정된 정서로 다양한 방법을 통해 하나님의
사랑을 이 땅에 전하고 싶다.

"말씀이 육신이 되어 우리 가운데 거하시매 우리가 그
영광을 보니 아버지의 독생자의 영광이요 은혜와 진리
가 충만하더라"(요 1:14).

나를 나 되게 한
기도

"모든 성도 중에 지극히 작은 자보다 더 작은 나에게 이 은혜를 주신 것은 측량할 수 없는 그리스도의 풍성함을 이방인에게 전하게 하시고 만물을 창조하신 하나님 속에 감추어진 비밀의 경륜을 드러내게 하심이라"(엡 3:8-9)

자기의 죄를 아는 사람은 죽은 자를 일으키는 사람보다 더 위대하고 자기 죄를 위해 한 시간을 진실로 울부짖는 사람은 온 세상을 가르치는 사람보다 더 위대하다.

자신의 약함을 아는 사람은 천사를 볼 수 있는 자보다
더 위대하다.

종교개혁 시대에 파란만장한 삶을 살았던 존 낙스
(John Knox)는 누구보다 뜨거운 심장을 가진 사람이었
으며 가슴에 개혁의 불이 타오르는 사람이었다. 그는 불
의와 타협하지 않은 불굴의 신앙, 죽고자 하는 자는 산
다는 진리를 붙들고 루터와 칼뱅이 이룩하지 못한 피 없
는 혁명을 일으킨 사람이다.

"하나님이 나를 귀족 출신의 사제로 부르지 아니하시
고 평민 출신의 설교자로 부르시며 왕족과 같이 지내지
아니하고 진리와 함께 고난의 가시 밭길을 걷게 하시니
감사합니다".

존 낙스의 고백은 내가 깊이 공감하는 부분이기도 하
다. 그 분은 시대적 소명 앞에 자신의 소신을 굽히지 않
고 개혁과 부흥의 불길을 높이 들었던 위대한 역사의 주
인공이었다. 그는 어떤 상황에서도 결국에는 진리가 승
리한다는 사실을 역사 앞에 선명하게 보여주고 세상을
떠났다. 그가 세상을 떠날 때 그의 섭정자 모르톤은 "어

떤 사람에게도 아첨하거나 비굴하지 않았던 자가 여기 누워있다"라고 고백했다.

나 또한 복음을 전하는데 있어서 강한 카리스마를 보여주고 싶다. 사명자에게 원하시는 하나님의 의는 하나님의 뜻을 정확하게 전하는 것이다. 나는 어느 날 기도 중에 하나님의 음성을 듣고 목 놓아 운 적이 있다.

"내 사랑하는 종아! 내가 세상을 사랑한다고 말해다오".

그 때 나는 하나님의 속성을 알았다. 하나님은 사랑의 관계를 맺기 위하여 사랑의 대상으로 사람을 창조하신 것이다. 하지만 사람에게 배신당하신 하나님은(창 6장) 인간의 부패를 보시며 "나의 신이 영원히 사람과 함께 하지 아니하리니 이는 그들이 육체가 됨이라"라고 말씀하셨다. 하지만 하나님은 사람을 그냥 이대로 버려두지 않으셨다. 궁여지책으로 노아를 건지시고 세상과 하나님을 위해 재설계를 하셨으나 다시금 하나님을 배신한 것은 사람들이였다. 마지막 방법으로 독생자 예수 그리스도를 파견하시는 하나님의 마음은 이렇다. "하나님이 세상을 이처럼 사랑하사 독생자를 주셨으니 이는 저를 믿는 자마다 멸망치 않고 영생을 얻게 하려 하심이라"(요 3:16).

헌신된 사랑은 서로간의 응답이 아니라 한 쪽이 먼저 시작하는 것임을 알았다. 그 사랑을 깨닫게 하신 하나님께 감사하며 가장 가치 있는 것을 위해 나머지 것을 기꺼이 버릴 수 있는 적극적인 사람이 되고 싶다.

나는 먼저 하나님의 속성이 완전한 사랑임을 알았고 그 다음으로 내 자신이 죄인임을 알았다. 사도 바울은 자신을 '죄인 중의 괴수'라고 고백했고 아브라함은 자신을 '티끌'이라고 표현했으며 다윗은 나를 '벌레와 같다'고 고백했다. 또한 베드로는 '나는 죄인이로소이다'라고 고백했다. 하나님과의 깊은 교제는 여기서부터 시작된다. 이 고백을 받아주시는 그 순간 소명을 받게 되며 사역은 시작되는 것이다. 나는 이렇게 고백하고 싶다. "나는 환자였다"라고 말이다. 근본적인 원죄는 그리스도를 영접하므로 해결받아 구원받았을지라도 하나님의 형상을 회복하지 못했기 때문이다.

하지만 나는 기도란 통로를 통해 파괴된 하나님의 형상을 회복해 간다. 내가 기도를 통해서 만나 알아가고 있는 성령 하나님은 나에게 모든 것을 가르치시고 치료하시고 깨닫게 하시므로 나는 하나님의 형상을 회복해 성령 하나님의 원하심을 이루어 드릴 것이다.

나는 나를 정복했다. 내 안에 죄로 파괴된 나, 사단에 길들여 속고 있던 거짓된 나를 정복했다. 완벽주의 성격을 갖고 있던 나는 항상 "너는 왜 그 모양이야, 너 때문이야"라고 환경을 탓하고 원망했다. 조금 성장하면서는 "나는 왜 이 모양일까, 남들은 날 어떻게 볼까"로 위선적인 모습을 보였다. 하지만 내 안에 예수 이름의 권세를 누린 후부터는 "하나님이 나를 어떻게 보실까? 나를 향한 하나님의 뜻이 분명히 있을꺼야"라고 생각하고 그어떤 것에도 요동하지 않는다. 요동하지 않는 내 모습은 예수님의 이름으로 분명히 나를 정복했기 때문이다.

내 마음 속에 울고 있던 나를 치료하신 하나님, 군중 속에서 한없이 외로워했던 나에게 친구가 되어주신 하나님, 내 마음 깊은 곳에 갇혀 있던 나에게 은사의 날개를 달아주신 나의 하나님을 위해 건강한 나를 찾았다. 내가 죽도록 충성해야 할 사명이 있음도...

똑똑한 여자는 예쁜 여자를 못 당하고, 예쁜 여자는 시집 잘 간 여자를 못 당하고, 시집 잘 간 여자는 자식 잘 둔 여자를 못 당하고, 자식 잘 둔 여자는 건강한 여자에게 못 당한단다. 그러나 똑똑한 여자, 예쁜 여자, 시집 잘 간 여자, 자식 잘 둔 여자, 건강한 여자도 못 당하는 여자가 있으니 사명으로 사는 여자이다. 사명으로 사는 여자는 이 땅에 아무것도 부러운 것이 없고 두려운 것이 없다. 오직 그 사명을 빛내기 위하여 인격과 교양을 쌓을 뿐이다.

그리스의 철학자 에픽테로스는 교양있는 여자를 이렇게 소개한다. 마음의 평정을 가진 자, 어떤 상황에서도 중심이 흔들리지 않는 자가 철학이 있는 여자이다. 또한 세상 권위나 권력자 앞에서도 위축되거나 두려워하지 않고 비굴하지 않는 여자, 마지막으로 진리 안에서 자유로운 여자가 교양 있는 여자라고 말한다. 평범한 여자의 교양은 교양이 아니다. 에픽테로스의 철학있는 여자의 교양은 분명 사명자로서 자신의 정체성이 분명히 정립된 자의 교양이다.

내가 만나 알게 된 하나님의 진정한 속성을 세상에 알리기 위해 나는 카리스마 넘치는 열정의 사람이 될 것이다. 나는 이 일을 위해 기도와 말씀으로 끊임없이 훈련할 것이다. 특별히 나를 나 되게 한 금식기도는 단순히 끼니를 거르는 것이 아니다. 나의 육체와 함께 마음과 영을 다스리는 절제형 기도이다. 청교도 목사였던 토머스 카이트라이트는 "종교와 상관없는 것은 단식이며 단식은 육체에만 관계된다"고 정의했다. 금식은 그 자체가 기도이고 예배이다. 늘 초점이 하나님께 맞추어져 있기 때문이다. 남에게 보이거나 자랑하기 위한 금식은 너무 억울하다. 금식을 통해 절제되는 자신을 바라보면서 즐거움을 느낄 수 있어야 한다. 기하급수로 뻗어가는 식욕, 탐욕 등으로부터 자신을 지킨다면 생활이 좀 불편하고 먹고 즐기는 기쁨이 없을지라도 인간관계가 조금 제한되는 것 같아도 끊임없이 솟아오르는 죄의 근성들을 잘라내고 다스리는 영적인 도구로 삼을 것이다. 구원받은 의인의 자리에서 목표를 향해 성장해가는 내 모습을 사랑한다.

"정결하지만 뜨거운 심장이 있고 정숙하지만 열정이 있는 그녀를 사랑한다".

제 2 부
나약한 도도새를
　　　강한 독수리로 바꾼 기도

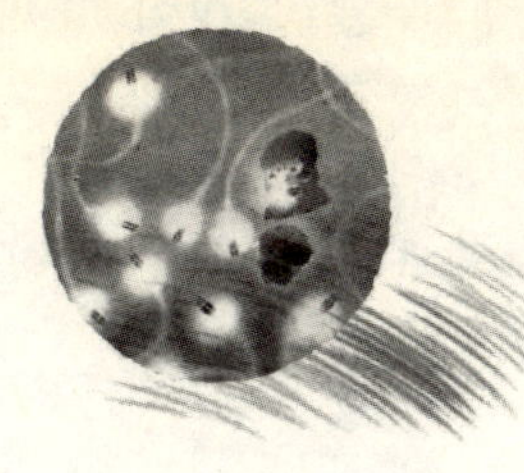

나약한 도도새인가?
강한 독수리인가?

아프리카 인도양의 숨은 진주라고 불리우는 모리셔스 섬은 한 여행 칼럼니스트가 죽기 전에 꼭 가봐야 할 여행지의 하나로 손꼽은 섬이다. 아프리카 대륙 오른쪽에 있는 마다가스카르 섬 동쪽으로 약 800km 떨어진 이 섬에는 도도새의 슬픈 운명이 전해지는 곳이기도 하다.

도도새는 410년 전까지만 해도 이 섬의 주인이었다. 그 섬에는 개도 고양이도 늑대도 그 어떤 천적이 없었기 때문에 도도새는 힘들여 날 필요조차 없었다. 그러다 보

니 날개 또한 펭귄처럼 퇴화되어갔다. 이름만 새지 날개
짓 한 번 못하는 그런 새였다. 주된 양식은 땅에 떨어진
과일과 나무 열매였다. 아마도 도도새에게는 이 곳이 에
덴동산과도 같았을 것이다.

그러던 1507년 포르투칼인들이 처음 이 곳에 발을 들
여놓게 되었다. 도도새는 사람 무서운 줄 모르고 오히려
신기한 듯 그들을 바라보았다. 포르투칼 사람들은 겁 없
는 이 새에게 도도라는 이름을 붙였다. 그 의미에는 바
보, 멍청이란 뜻도 함께 포함되었다.

90년 쯤 뒤인 1598년에는 네덜란드인이 들어왔다. 네
덜란드인들은 자기나라 왕자 모리스의 이름을 따서 그
섬을 모리셔스라고 불렀다. 그들은 이 섬에 눌러앉아 도
도새를 잡아먹었고, 그들이 가져온 개와 돼지도 닥치는
대로 도도새 알을 먹어치웠다. 결국 1681년 모리셔스의
마지막 도도새가 사라지며 그들은 정체를 감추고 말았
다.

여기 또 다른 새가 있으니 바로 하늘의 제왕으로 통하

는 독수리이다. 폭풍이 닥칠 때에 다른 새들은 바위 틈이나 나무 밑에 숨지만 독수리는 폭풍에 맞서서 하늘 높이 오른다. 그리고 오히려 폭풍을 내려다본다. 다른 새들처럼 폭풍으로 두려워하는 것이 아니라 폭풍을 즐기고 극복하는 것이다. 독수리가 이렇게 다른 새들과는 다르게 살 수 있었던 데에는 그들만의 특별한 훈련방법이 있다.

독수리는 둥지를 지을 때 먼저 가시가 솟은 나뭇가지를 바닥에 깐다. 그리고 그 위에 부드러운 풀과 깃털 등으로 편안한 침대를 만들고 새끼를 기른다. 시간이 지나 새끼들이 자라면 그 때부터 본격적인 훈련이 가동된다. 둥지의 부드러운 풀과 깃털을 빼 버리는 것이다. 가시 둥지만 남은 곳에서 새끼들은 아파서 견디다 못해 버둥대며 아래로 떨어지게 된다. 어미 독수리의 철저한 계획 속에서 말이다. 그리고 떨어지는 새끼들을 날개로 잽싸게 받쳐주며 날 수 있을 때까지 수차례나 반복한다. 결국 어미 독수리의 이런 강한 훈련 속에서 새끼 독수리 또한 하늘의 제왕으로 군림하게 된다.

현실에 안주하며 날개짓 한 번 못해보고 슬픈 운명을 맞게 된 도도새와 자기를 찌르는 고통을 참아가며 훈련한 독수리의 운명은 사뭇 인간의 모습을 보는 것과 흡사하다. 안주와 나태함 속에서 꿈 한 번 펼쳐보지 못하고 사는 사람, 꿈을 이루기 위해 자신을 다스리고 성장하고 훈련하는 사람 그들이 바로 현대판 도도새와 독수리가 아닐까?

정말 자식을 사랑하는 부모는 자식에게 안주하는 법을 알려주지 않는다. 지혜로운 부모는 자식의 미래를 위해 무엇이 현명한 방법인지를 알고 가르친다. 하나님도 마찬가지이다. 우리가 이 세상을 다스리고 정복할 만한 예수 그리스도의 자녀가 되도록 우리를 강한 독수리로 훈련하길 원하신다.

나의 삶을 돌아보면 나의 목회에 있어서도 주님의 강한 훈련을 느낄 수 있었다. 아무리 성공하는 목회자라해도 모든 성도가 협력자가 되어주는 것은 아니다. 부드러운 깃털과 풀처럼 목회자의 마음을 편안하게 해주고 힘이 되어주는 성도들이 있는가 하면 가시처럼 목회자를 대적하고 찌르는 성도들도 있다. 나 또한 아무 이유없이 나를 거부하는 그들 앞에서 힘든 적도 많았다. 기도하지 않았다면 그들을 미워했을지도 모르지만 주님은 나를 더 강하게 만들기 위한 훈련이라 말씀하시며 그들까지도 품게 만드셨다.

사역의 둥지가 포근하기만 하다면 나는 안주하고 나태하고 게으르며 교만했을 것이다. 그러나 내 사역의 둥지에 가시가 있음은 나를 향한 하나님의 깊은 메시지가 숨겨져 있음을 알았다.

"사랑하는 종아! 날개를 펴고 밖으로 나가라. 이 둥지 안에서 안주하지 말아라."

날개는 나의 은사를 말씀하심이라 믿는다. 나를 나약한 도도새로 머물러 두지 않게 하시고 이 세상을 정복하고 다스리는 강한 독수리로 만드시기 위한 주님의 계획은 기도라는 방법으로 나를 훈련시켜 가셨다.

최고가
되기 위한 기도

"내가 어렸을 때에는 말하는 것이 어린아이와 같고
깨닫는 것이 어린아이와 같고 생각하는 것이 어린
아이와 같다가 장성한 사람이 되어서는 어린아이의
일을 버렸노라"(고전 13:11)

많이 기도한다고 하면서도 천박한 인격과 경박한 행
동을 서슴지 않는다면 결국 인격적인 하나님과 온유하
신 예수님 그리고 성결하신 성령님을 욕되게 만드는 일
이 되어 버린다는 사실은 우리가 주변에서 흔히 보게 되는 광경이다. 기도의 최고 목적은 하나님 나라 건설에 유익한 사람이 되는 것이며 하나님의 교회에 아름다운 영향력을 주는 것이다. 기도하는 사람들에게 주시는 은사나 특권이 자기 의가 된다면 그 기도는 하나님께 헛됨이 될 것이며 하나님은 그런 기도에 냉담하고 무감각하며 외면하실 것이다. 인격이 갖추어지지 않은 기도는 곧 형식과 명맥만을 유지하여 곧 사양길로 접어들게 한다. 참 된 기도는 사람을 변화시키는 힘이 있다. 하나님을 바라보고 열망하는 간절한 기도에는 성령님의 간섭과 역사가 있고 그로 인해 자신의 변화를 경험하게 되기 때문이다. 기도는 하나님을 추구하고 동경하는 마음속에서 이루어지는 섬김이기 때문에 하나님의 인격을 닮아가게 되어 있다.

그러나 기도가 정한수를 떠 놓고 자식들의 평안을 빌던 우상숭배 같은 형식이라면, 새벽 기도가 새벽 운동하는 습관으로 마음과 영이 깨어 있지 않은 상태에서 육체만 오고가는 형식이라면, 철야 기도가 초상집에서 밤 세워주는 형식적인 기도라면 인격으로나 영적으로 아무 변화도 기대할 수 없게 된다.

  인격적 변화를 기대하는 기도라면 말씀 중심의 기도이어야 한다. 먼저 설교를 통해 전달되는 메시지를 주식으로 삼아 기도하게 된다면 쉽게 자신의 연약한 인격과 부딪히게 될 것이다. 설교 말씀은 성경의 말씀들을 근거로 하여 성도의 식성에 맞게 요리된 말씀이기에 생활과 인격에 대단한 영향력을 줄 수 있는 것이다. 말씀을 배제한 기도는 부작용을 일으켜 영적 질서를 깨뜨리고 왜곡된 진리로 사단의 유혹을 받을 수 있게 되지만 말씀의 기초가 된 기도는 하나님의 인격을 닮게 되어 있다. 다시 말해서 인격과 영성의 균형으로 명품 성도가 되는 것이다. 자아보다 강한 믿음의 사람으로, 자존심보다 강한 사랑의 사람으로, 권위보다 강한 섬김의 사람이 되는 것이다.

  그리스도인이 세상에 빛이 되지 못하는 것은 영적으로 균형을 이룬 인격이 갖추어져 있지 않기 때문이다. 말씀에 비추어진 기도는 자신의 내면 세계를 보게 한다. 거짓된 자아와 건강한 자아를 보게 된다. 영성 훈련이란 거짓된 자아를 버리고 건강한 자아를 부각시켜 하나님께서 원하는 자아를 만들어 가는 것이다.

건강한 자아를 길들이기 위해서는 내 마음에 깊이 숨겨진 원수 곧 쓴뿌리를 제거해야 한다. 또한 내게 있는 고질적인 악한 습관과 싸워 이겨야 한다. 우리의 나약한 의지와 결단이 나쁜 습관 앞에서 무릎을 꿇어 평생 자신과 하나님이 인정하는 최고의 자리를 바라보는 것으로 족한 삶을 살아서는 안 된다. 강한 부정은 고집으로 거짓된 자아의 열매요, 강한 의지는 인내의 사람으로 건강한 자아의 열매이다. 믿음이 강하면 의지가 강하게 되어 있다. 사단은 우리의 수고를 비웃고 지혜를 조롱하지만 우리가 말씀에 근거하여 기도할 때는 벌벌 떤다는 사실을 기억해야 한다.

그러나 기도는 인격만을 변화시키지 않는다. 우리의 이미지까지 변화시킨다. 예수님의 변화산 사건은 얼굴의 형체만 변화된 것이 아니라 형체에서 풍기는 이미지와 인상의 실체가 같이 변화된 사건이였다. 모세도 시내산에서 하나님과 대면하고 왔을 때 용모와 이미지가 변했다. 이것은 우리의 영혼과 인격의 변화가 기도를 통해 일어난다는 사실을 보여주는 좋은 예이다. 말씀을 통해 깨달은 것이 진실로 우리를 움직인다면 그 말씀은 운동력이 있어 우리로 하여금 기도하게 한다. 깨달은 사실이 우리 마음속에 깊이 들어와 우리로 기도하게 함으로써 삶과 인격을 움직이고 이미지까지 변화시키는 것이다.

기도를 통해 변화된 인격의 사람은 말하는 것부터 다르다. 말에는 인격, 교양, 사상이 나타나기에 삼언삼색(三言三色)이라고 말한다. 말의 영향력은 하는 사람뿐 아니라 듣는 사람 모두에게 영향력을 끼친다. 우리가 가지고 있는 상처는 바로 유전으로 내려온 말의 상처로 인함이다. 부모가 자식을 대할 때 했던 부정적인 말들이 유전되어 우리에게 상처로 남은 것이다. 보이지 않는 말이지만 그 파괴력은 세대에 걸쳐 나타난다.

"여호와의 말씀에 나의 삶을 가리켜 맹세하노라 너희 말이 내 귀에 들린 대로 내가 너희에게 행하리니"(민 14:28), "죽고 사는 것이 혀의 권세에 달렸나니 혀를 쓰기 좋아하는 자는 그 열매를 먹으리라"(잠 18:21).

축복된 만남들은 사람들을 행복하게도 하고, 기쁘게도 하고, 힘이 되게도 만든다. 그러나 더불어 사람들을 배부르게 하는 만남도 있다. 맛있는 음식을 잘 사주기 때문에 배부른 것이 아니라 상대방에게 말로 배부름을 주는 만남이다.

얼마 전 우리 부부와 만남을 가졌던 지도교수였던 스승님은 우리에게 이 배부름의 기쁨을 안겨 주신 분이다. 그 분이 우리를 배부르게 해 주신 것은 바로 말의 힘이었다. 사람을 살리는 말, 격려하는 말, 세워주는 말, 칭찬하는 말, 긍정적인 말은 듣는 사람뿐 아니라 말하는 사람까지도 행복하게 만들어 주는 것 같다.

신혼 초 우리 부부는 참으로 많이 싸웠다. 달라도 너무 다른 우리였다. 그러나 이상하게도 남편에게 물어보면 우리가 언제 그렇게 싸웠냐고 되묻는다. 내 기억에는 많았던 싸움이 남편 기억 속에는 없다니 남편의 기억력을 의심해야 할지도 모르지만 그 이면에 말의 힘을 엿볼 수 있었다.

나는 싸울 때 꼭 두 가지 원칙을 가지고 싸운다. 첫째, 존댓말을 사용할 것. 둘째, 목소리를 높이지 않을 것. 싸울수록 더욱 상대방에게 예의를 다하여 말하고 목소리 또한 올라가지 않으니 남편은 그것이 싸움이었다는 것을 기억하지 못할 수 밖에 없었던 것이다. 나 역시 많이 싸웠지만 남편으로부터 말로 상처받은 기억은 전혀 없었다. 비록 내가 두 가지 원칙은 지켰어도 내용상으로는 뼈있는 이야기가 전달 됐을 것이다. 상처를 주어도 상처받지 않았다는 남편의 마음이 은사적 평온임을 다시 깨닫는다. 이렇게 말의 영향력은 위대하다. 우리가 늘 사용하는 말이 보이는 것은 아니지만 그 사용된 말이 사람을 살리기도 하고 죽이기도 한다.

또한 기도를 통해 변화되는 부분이 있다면 양심이 살아있는 인격의 소유자가 된다는 것이다. 구약시대는 율법이 법이였다. 613가지 율법은 248가지의 "하라"라는 말과 365가지의 "하지말라"라는 말로 요약할 수 있다고 한다. 그 당시는 율법으로 하나님 앞에 옳고 그릇된 행동을 판단 받았다. 그러나 지금은 은혜의 시대이다. 율법으로 판단되는 시기가 아니다. 지금 여러분들에게 613의 율법 대로 살라고 하면 다들 고개를 설레설레 흔들 것이다. 그렇다면 우리는 무엇으로 나의 잘못과 죄를 판단해야 할까? 바로 양심의 법이다. 양심이 살아있는 자는 깨닫기를 잘한다. 하나님의 영의 신적 기운을 민감하게 받아들이므로 작은 것 까지 깨닫는 은혜가 생기게 된다. 내가 하나님의 어떤 말씀에도 깨닫지 못한다면 내 양심은 마비된 것이다. 마비된 양심을 살리려면 회개를 잘하면 된다. 회개 기도는 양심을 씻어주고 내 영을 맑게 한다.

나 또한 기도할 때 먼저 내 양심을 들여다본다. 혹 내 말과 행동이 하나님 앞이나 사람들 앞에서 잘못을 하고도 양심이 마비되어 깨닫지 못하는 것은 아닌지 그 일부터 주님 앞에 기도하게 되고 회개하게 된다. 그러다 보면 어느새 성령님이 내 안에 임재하셔서 내가 미처 깨닫지 못했던 나의 무의식의 죄까지도 알게 하신다. 양심을 살리다보니 내 영성은 더욱 민감해지는 것을 느끼게 된다. 육체가 살아있음은 심장이 고동치는 것으로 알 수 있듯이, 양심이 살아있는 자는 회개를 잘 하는 사람이다. 영이 살아있음은 깨달음으로 반응하는 사람이다. 세상에 죄를 안 짓고 사는 사람이 어디 있을까? 실수 안하는 사람이 어디 있을까? 하나님 앞에서 죄를 짓고 실수를 했어도 깨닫고 회개한다면 문제가 어렵지 않다. 성도들의 모습을 보아도 알 수 있다. 목회자가 지적하고 훈계해도 양심이 마비된 사람은 도대체 깨닫지를 못한다. 그럴 때 내 마음은 얼마나 답답한지 모른다. 그러나 잘못을 많이 했어도 깨닫고 고백하면 그 사람에 대한 애정이 더 깊어지고 신뢰가 생기며 더욱 귀하게 여겨진다.

얼마 전 고속도로를 지나다 눈에 띄는 간판을 발견하게 되었다. 지구본 위에 어린아이의 손이 얹어져 있는 모습이었다. 그 모습은 내 마음에 "지구보다 큰 사람이 되자"라는 문구로 다가왔다. 지구보다 큰 사람이 되자는 것은 곧 세상을 수용할 만큼 큰 생각과 마음을 가진 인격의 사람이 되자는 말이다. 우리가 기도하게 되면 거룩한 성품의 빛 곧 영광스러운 진리의 광채가 우리 생각의 방을 비추므로 지구보다 큰 생각을 하게 된다. 마틴 루터는 '새가 머리 위를 나는 것을 막을 수 없지만 머리에 둥지를 틀지 못하게 하는 것은 내 몫이다'라고 말한다. 생각의 방을 관리하라는 뜻일 것이다.

고린도후서 6장을 보면 사도 바울이 고린도 교인들을 향하여 마음을 넓히라고 호소한다. 어린아이와 같은 생각에서 벗어나 넓은 마음, 큰 생각을 가지라고 말한다. 사람의 크기는 키에 달려있지 않다. 생각의 크기만큼 사람이 커 보인다. 마음의 넓이만큼 사람이 여유 있어 보인다.

성도들의 모습을 보면 그 사람의 생각과 마음의 크기를 볼 수 있다. 상처를 주는 말을 해도 깨닫기만 했지 상처를 받지 않는 성도가 있다. 그런가하면 자신에게 한 말이 아닌데도 괜히 본인이 상처받는 사람이 있다. 전자가 돌에서 금을 캐내는 사람이라면 후자는 금에서 돌을 캐내는 사람이다. 마음이 좁고 생각이 좁기 때문에 그렇다. 넓게 생각하는 자는 비판, 비웃음까지도 웃음으로 승화시켜 넘길 줄 아는 사람이다.

요즘 나는 기도의 폭만큼 내 마음과 생각의 폭도 넓어

진다는 것을 체험하고 있다. 옥합을 깨뜨린 소중한 어느 분의 헌신으로 세워진 쉼터(베데스다 쉼터)를 통해 목회 자들을 섬기는 일의 비전을 받고도 처음에는 두려움이 생겼다. 목사님들 앞에서 매우 조심스러워하는 내 모습 이 보였다. 이 일로 침체하고 있던 나에게 변함없이 남 편은 힘과 격려를 주었다. 의사가 환자를 볼 때 그 사람 이 대통령이냐, 장관이냐가 중요한 것이 아니라 환자의 병명에 초점을 맞추는 것처럼 도움이 필요해 찾아오시 는 목사님들을 대할 때도 사모의 입장이 아니라 의사 입 장에서 바라보라는 것이었다. 남편의 말은 그동안 주저 했던 내 일에 박차를 가하게 했다. 그리고 나는 오직 기 도하면서 주님의 마음을 품고 성령님의 뜻을 전달하는 사람일 뿐이라는 깨달음을 주셨다.

내 교회, 내 성도, 내 지역에 국한 되었던 기도의 지경 은 다른 목회자들 뿐 아니라 세계를 위해, 나라를 위해, 교계를 위한 기도까지 뻗어나가게 되었다. 세계의 화합 과 안녕을 위해 뛰는 반기문 UN 사무총장을 위해 기도 하게 되고, 우리나라를 책임 질 대통령 선거를 앞두고

후보들을 위해 기도하게 되며 점점 그리스도의 뜻을 잃고 부패되어 가는 교계를 위해서도 기도하게 되었다. 기도의 지경이 넓어지는 만큼 내 마음과 생각도 넓어지고 있었다.

어떤 위대한 분이 내 앞에 와도 결코 주눅들지 않고 당당할 수 있는 마음이 생겼고, 아무리 약하고 힘이 없는 자가 나에게 와도 나는 그들을 무시하지 않고 긍휼히 바라볼 수 있는 마음이 생긴 것은 바로 세상을 품고 한 기도의 힘이였다.

진정 하나님의 영으로 훈련된 인격을 소유하고 싶다면 범사에 하나님을 우러러 보는 습관과 복잡한 일상생활 속에서도 하나님의 이름을 부르거나 그의 거룩한 성품을 묵상해야 한다. 그럴 때 하나님은 나를 최고의 사람으로 인정하실 것이다. 하나님이 인정하는 최고의 사람은 기도에 헌신된 사람이고 기도에 헌신된 사람은 구원의 감격으로 삶에 있어서는 섬김의 사람이다. 기도와 헌신(섬김)은 나를 최상의 인격으로 만들어 줄 것이다.

불가능을 가능으로 바꾸는 기도

어려서부터 나는 소박한 꿈을 갖고 있었다. 나는 결혼할 것이고, 엄마가 될 것이고 사모가 될 것이라는 꿈이였다. 당연하고 평범한 것을 꿈이라고 말하는 것이 우습게 들릴 수 있을지도 모른다. 하지만 남들에게는 평범하게 보일지 몰라도 나는 내 꿈을 최고로 만들기 위한 노력을 했다. 결혼이란 꿈을 신성시하기 위하여 육체도 정신도 정숙하고 순결하게 지켜야 한다는 절대 철학이 있었다. 손만 잡아도 임신 될 것 같은 떨림으로 내 자신을 지키고 관리했다. 이렇게 고이 간직한 꿈이 나를 얼

마나 절망 속에 빠뜨렸는지 지금도 웃지 못할 일이 생각난다.

나는 남편을 만나 10개월간 교제 후 결혼을 했다. 그런데 첫날 밤. 나의 모든 꿈이 상처로 남게 된 사건이 벌어졌다. 28년 동안 이 날을 위해 지켜왔던 순결의 증표가 나타나지 않은 것이다. '오! 마이 갓' 난 그 날 밤에 처음으로 하나님을 원망했다. '하나님 아시잖아요? 이게 무슨 일입니까?' 원망과 억울함으로 얼마나 울었는지 모른다. 내가 너무 서럽게 울자 나보다 더 당황한 남편이 체질적으로나 과다한 운동으로 인해 그럴 수도 있다며 나를 달래고 위로했지만 하나님에 대한 분한 마음을 어떻게 표현할 길이 없었다. 내 일생에 처음으로 하나님을 원망했던 그 날을 아직도 잊을 수가 없다. 그렇게 시작된 나의 결혼 생활은 기도와 사명과 사랑으로 하나님의 축복된 에덴동산을 향해 회복해 가고 있다.

엄마가 되고픈 두 번째 꿈은 사실 자신이 없었다. 어려서부터 작고 약했기 때문에 과연 결혼해서 아이를 낳을 수 있을까?라고 혼자 마음속으로 염려했던 부분이기도하다. 그러나 나는 좋은 엄마가 되고 싶었다. 어려서 삶의 생활 터전으로 뺏겼던 엄마 사랑의 결핍이 상처와 아쉬움으로 남아있었기 때문이다. 그래서 나는 멋지고 다정한 엄마가 되고 싶었다. 또한, 결혼해서 엄마가 되는 것은 하나님의 마음을 품을 수 있는 특권이라고 확신했기에 이 꿈 또한 간절히 이루고 싶었다.

나의 이런 마음을 아는지 모르는지 남편은 4명을 낳자고 했다. 나는 첫째를 딸로 주시면 하나만 낳고, 첫째가 아들이면 둘을 원했다. 결국 나는 딸을 갖기를 원했던 것이다. 서로 엇갈리는 주장 속에서 남편은 그럼 각자의 원대로 따로 기도하고 누구의 기도가 더 센지 보자며 영적 내기를 걸었다. 그리고 난 딸 하나의 엄마가 되었다. 엄마가 된 나는 새로운 것을 느끼게 된다. 딸을 위해서 무엇을 할 때마다 나의 엄마를 생각나게 하신다. 딸을 위해 기도 일기를 쓸 때도 내 양심은 나의 엄마를 생각나게 만들었다. 나는 노트를 두 권 준비하여 매일은 아니더라도 딸을 위해 정성껏 마음의 기도문을 썼다. 그 기도문을 쓸 때마다 나의 친정 엄마에게도 쓴다. 다른 사람들도 그렇겠지만 엄마가 되고 나니 부모님에 대한 마음이 남다르게 느껴지게 된다.

하나님께서 선물로 주신 딸은 대학생이 되었고 나에게는 친구 같은 존재가 되었다. 그리고 같은 동역자가 되었다. 어떤 때는 딸이 나의 스승이 되기도 한다. 사실 이 세상에서 제일 인정받고 싶은 사람이 누구냐고 묻는다면 나는 우리 딸이라고 대답한다. 우리 딸로부터 존경받고 신뢰받고 싶고 그럴 때 행복함을 느끼기 때문이다.

엄마라는 꿈을 이루었고 또한 육신의 엄마가 되어 하나님의 심정과 부모님의 심정을 깨닫게 되니 감사할 뿐이다. 이제는 영적으로도 만인의 어미가 되길 소원한다. 영적인 젖줄이 마르지 않도록 기도의 줄을 놓지 않으리라 다짐한다.

사모가 되겠다는 나의 꿈은 내 인생의 최상의 선택이었다. 나는 가끔 '내가 평범한 여인으로 살았다면 어떠했을까?' 라고 생각해 본다. 세상에서 성공하고 신앙 생활도 했겠지만 그 교만함은 불보듯 뻔하다. 또한, 지극히 평범한 삶을 살았다면 심한 자괴감으로 실패한 삶이 아니였을까 생각된다. 나는 사모라는 사역이 있기에 지금도 그 안에서 또 다른 꿈을 꾸고 비전을 위한 마스터 플랜(Master plan)을 갖고 있다. 어떤 때는 목사님이 아니고 사모이기 때문에 더 감사할 때가 많다. 책임감보다 보람을 더 느끼고 있기 때문이며 목사님의 지지 속에서 나름대로 자신의 일을 부담없이 이루어가기 때문이다.

"나에게는 꿈이 있다. 주님 앞에 서는 그 날까지 머무르지 않고 성장하는 것이다."

사람은 꿈으로 산다. 지식도 중요하고 능력도 중요하며 건강도 중요하다. 그러나 꿈이 없는 지식, 꿈이 없는 능력, 꿈이 없는 건강은 아무 의미가 없다. 나의 꿈은 하나님의 손에 귀하게 쓰임받는 일이다. 한 순간만, 일시적으로, 한 시대만 쓰임받는 것이 아니라 주님 앞에 서는 그 순간까지 쓰임받고 싶다. 어제보다는 오늘이, 오늘보다는 내일이 더 성숙하고 아름다운 모습으로 존재적 의미를 깨달아 가며 소명적인 비전을 이루어가길 원한다.

　나는 아름다운 습관이 있다. 1년에 서너 번씩 특별기도를 선택한다. 특별기도라는 것이 특별한 기도제목이 있어 하는 것이라고 생각하지만 그것이 아니고 나에게 있어 특별기도는 남다르다. 하나님의 존전에 더 가까이 가고 싶은 열망과 친밀할 때 보너스를 주시는 하나님의 속성을 너무나 잘 알기 때문에 하는 기도이다. 나는 특별기도의 기쁨과 축복을 포기할 수 없다. 우리 교회에는 베데스다 사역자팀이란 기도모임이 있다. 내가 우리 교회의 이 베데스다 사역자들을 선물로 받은 것도 특별기도를 통해서이다. 편안한 목회가 죄스러워 금식기도를 작정하고 기도원에 갔다. 사실 목회자에게 적은 환란이나 핍박, 고난이 아니다. 안일함이다. 평안하다고 생각할 때가 위기가 될 수 있다. 평안함을 은혜로 관리하지 못하면 삶이나 사명이 식상해지고 나태해지며 무기력해질 수 있기 때문이다.

　그렇게 해서 간 기도원에서 나는 교회에 대한 새로운 비전과 함께 물고기 2마리와 보리떡 5개에 대한 응답을 받았다. 섬기는 자를 중심으로 하여 공동체를 위해 헌신할 자들을 선발해 특별 훈련하길 원하시는 주님의 뜻을 발견했다. 역사적인 것과 지역적인 것을 감안하여 우리 교회의 미래를 준비시키기 위함이셨다. 그리고 그 미래를 준비할 일군들을 위해 기도의 헌신자, 물질의 헌신자 그리고 인격적 훈련 등으로 기초를 든든히 만들길 원하셨다.

하나님께서 일하시는 방법은 먼저 지도자에게 꿈을 주신다. 그리고 그 꿈을 백성(성도)들에게 선포하게 만드셔서 그 꿈이 모든 사람에게 비전이 되게 한다. 만약 지도자에게 꿈이 사라졌다면 그것은 재앙이다. 최고의 징계는 하나님의 침묵인 것이다. 하나님은 기도로 준비된 자를 사용하신다. 기도의 세계가 열리지 않은 사람에게는 침묵하신다는 사실을 알아야 한다. 지금 우리 사역자들은 주님이 목회자에게 주신 비전을 함께 공유하며 자신의 비전을 찾아 미래를 준비하고 있다. 지금은 비록 우리가 물고기와 보리떡과 같이 보잘 것 없는 자들일지라도 하나님의 손에 올려져 있음을 알고 강한 훈련을 하고 있다. 매일 하루 세 번씩 기도하는 훈련과 하나님과 목회자와 이웃을 위해 섬기는 일 그리고 하나님의 성품을 닮기 위한 인격적 훈련 등을 하고 있다. 우리는 이것을 기초로 하여 교회를 향한 비전을 이루어 갈 것이다. 나누어주는 교회로 '주면서 성장하는 교회'가 될 것이고, 치료하고 섬기는 교회가 될 것이다. 또한 안디옥 교회처럼 선교의 중심 축이 되어 기도와 선교로 그리스도의 향내가 나는 허브교회(Hub Church)가 될 것이다.

우리나라 대형교회들 속에서 100여명 남짓한 섬교회가 무엇을 할 수 있을까?라고 생각하지 않는다. 주님 손에 올려진 이 시도교회를 주님께서 축사하실 수 있도록 감동시켜 드리면 된다. 작은 일에 충성하는 모습을 보시고 감탄하게 하셔야 한다. 최선을 다하기 위하여 애쓰는 모습을 보시고 대견스러워 하실 수 있어야 한다. 서로 뜨겁게 사랑하며 협력하는 모습을 보시고 행복해 하실 수 있게 해야 한다. 이것은 목회자와 성도들의 몫이다. 남은 조각 또한 버리지 않을 것이다. 물고기와 보리떡은 그 당시 노예들이 먹는 음식이었다고 한다. 그 중에 부스러기도 소중히 여겨 다 모으게 하신 주님이기에 나 또한 시도교회 밥상에 올려진 영혼들을 하나라도 소홀히할 수 없음이다.

우리 교회의 비전은 세상을 향해 영적인 젖줄이 되는 교회가 되는 것이다. 마르지 않는 영생수 예수님처럼 주님의 능력으로 감당해 갈 것이다. 오병이어의 기적을 만들어 준 어린아이의 헌신처럼 나 또한 만인의 영적인 어머니가 되고 은혜의 깊은 우물이 되어 이 사역을 완성시키고 싶다.

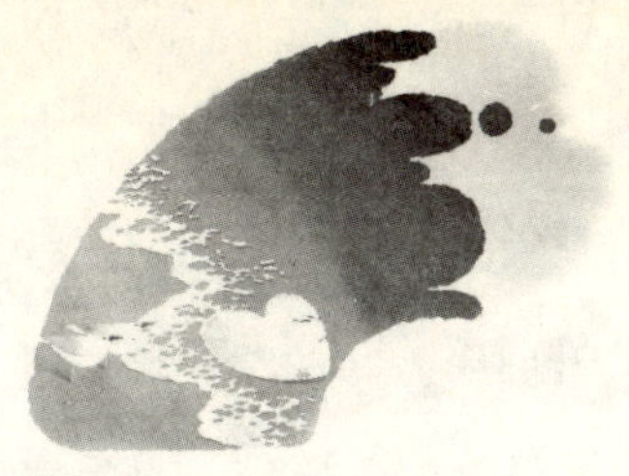

기도는 오병이어의
기적을 낳는다

발명왕 에디슨은 "천재는 1%의 영감과 99%의 땀으로 이루어진다"라고 말했다. 노력의 중요성을 강조한 말이다. 그렇지만 하나님의 역사를 이루어 낸 기도의 사람은 1%의 영감이 99%의 땀을 만들어 내는 원동력이 된다. 한국 교회는 열심히 부족한 것이 아니라 영감이 부족한 것 같다. 한국교회 만큼 열심인 교회도 없을 것이다. 하지만 영감어린 비전으로 현실과 연결시키는 것에는 실패하고 있다. 결국 한국 교회는 열심 빈곤이 아닌 비전 빈곤의 시대라고 볼 수 있다. 많은 프로젝트를 가지고 다양한 프로그램으로 열심을 불러일으키지만 내 교회라는 작은 조직에 제한되어 있어 기도 속에 숨겨진 진정한 비밀을 모르고 있는 것 같아 아쉽기만 하다. 물론 모든 교회가 그렇다는 것은 아니다. 그 속에서도 비전을 가지고 열심을 내는 교회가 있기에 한국의 기독교 위상이 유지되는 것이라 생각된다.

그렇다면 진정한 믿음이란 무엇일까? 신앙이란 무엇일까? 그것은 평탄한 삶이 아니라 충만한 삶을 사는 것을 말한다. 하나님의 관점이 사람의 관점과 다르다는 것을 깨닫는 것은 나를 의인의 자리, 성장의 자리, 축복의 자리(사명)를 지키도록 한 진리였다. 리빙스톤은 "내가 복음을 선택한 것은 큰 사람이 되기 위함이 아니라 꼭 필요한 사람이 되기 위함이다"라고 그의 겸손함을 고백한다. 쉬지 않고 기도해야 하는 이유가 있다면 능력을 받기 위함보다 하나님께 소중한 사람이 되기 위함이다.

나를 보시는 하나님은 나의 부족한 것을 보시지 않는다. 가능성 한 가지를 놓고 기도하는 자에게 자기 색깔을 드러낼 수 있도록 축복하시는 분이다. 내가 나를 볼

때 장점보다 자신의 부족한 모습을 보기에 열등감과 자
괴감으로 좌절하고 포기하게 되는 것이다. 그러나 한 가
지 장점 없는 사람은 없다. 한 가지 장점이라도 그것을
땅에 묻어 둔다면 문제는 다르다. 하지만 적은 장점이라
도 하나님께 내 놓아라. 그리고 하나님께 축사 받기 위
하여 기도하며 기다려라. 자신의 장점이 적다고 느끼는
사람이라면 기도의 눈물로 눈이 흐려지고 기도로 무릎
이 닳아지고 봉사로 손이 트이고 전도로 신이 헤어지는
투자가 있다면 당신의 성장을 보고 스스로 놀라게 될 것
이다.

적지만 다른 사람과 비교하지 않고 자기 은사대로 일
하면 기쁨이 배로 늘어나고 그에 따르는 능력은 오병이
어의 기적을 나타낸다. 은사 따라 일하는 사람은 신앙의
윤택함과 자기 성장을 확인할 수 있을 것이다. 하나님
은 적은 것으로 충성하는 자에게 큰 일을 맡기시는 분이
다. 그리고 내가 가진 것을 사용하면 할수록 사명의 분
량이 점점 커지는 것을 발견할 수 있다.

이젠 부족한 자신의 모습을 보지 말고 하나님의 관점

으로 자신을 바라보자. 그 분의 목적을 위해 창조된 나, 적지만 그 분의 영광을 위해 타고난 재능, 내 모든 삶의 영역은 하나님의 영광을 위함인 것이다. 하나님이 기도하는 나를 믿어주고 격려해 주시는 것처럼 자신을 스스로 믿어주고 격려해야 한다. 특히 다른 사람이 비난할 때도 상처를 받기 보다는 내 자신을 점검하는 것이 필요하다.

하나님이 원하시는 나는 이 시대의 나단 선지자처럼 선지자적 사명을 요구하신다. 내가 원하는 건강한 나의 모습은 고독한 여인이다. 나만의 장소에서 나만의 시간에 나에게만 들려주시는 그 분과의 사귐, 친밀함을 유지할 수 있는 파트너가 되고 싶다.

사명적인 나의 모습은 사모로서 협력자, 멋진 목사님의 동역자가 되는 것이다. 모든 사역을 통하여 남편의 목회를 돕고 조화를 이루고 교회의 질서를 놓치지 말아야 할 것이다. 하나님께는 친밀한 관계의 사람으로 하나님의 깊은 심정까지 느낄 수 있는 영성을 소유하여 남편 목사님께 세례요한처럼 돕는 자가 되고 싶다. 우리 성도들에게는 사도요한처럼 사랑으로 섬기며 세상을 향하여 선지자적 사명을 감당하는 자가 되기 위하여 폭 넓고 깊게 기도에 전념할 것이다. 기도는 성도들의 모든 것이 담겨 있는 비밀 상자임을 알기 때문이다. 기도는 하나님을 변화시키는 것이 아니라 나 자신이 성화되어 가는 것이다. 아침을 여는 열쇠가 기도이어야 하듯 밤의 빗장도 기도이어야 한다.

기도가 최상의 영적 무기이라면 최상의 것을 위하여 무엇을 포기할 것인가? "좀 더 자자, 좀 더 눕자" 육신의 게으름 잠을 포기하고 새벽기도를 선택하라. 새벽기도를 통해 당신은 명품 성도가 될 것이다. "무엇을 먹을까? 무엇을 입을까?" 포기하고 절제하라. 당신의 금식과 절제된 생활은 영적인 특권을 얻게 될 것이다. 포기한 것보다 더 많은 것으로 채워주시는 하나님이시다. 형식적인 기도, 막연한 기다림은 결코 당신의 장점을 드러낼 수 없다. 나는 오늘도 하나님의 사랑을 전하기 위해 기도하는 것과 복음 전하는 일에 전무할 것이다.

평범함을
뛰어넘는 기도

평소에 나를 아껴주셨던 조옥련 교수님이 계셨다. 그 분은 본인의 꿈이 목사님이였는데 교수가 되었다며 어느 날 채플 시간에 대표 기도하는 나를 부르시더니 그 때부터 목사가 되길 권면했다. 나는 꿈이 사모라고 말씀 드리고 힘들 때마다 교수님의 도움을 받았다. 어느 날 교수님께서 나를 부르시더니 어렵게 목회하는 분이 계 시니 좀 도와드리라는 것이었다. 다른 문제보다는 늦은 나이에 하시는 목회라 경험이 없어 힘들어 하시니 그 분 을 도와 함께 사역을 하라는 것이였다. 나는 차마 거절

할 수 없어 교수님의 부탁에 응했다. 그렇게 해서 나는 결혼 전 전도사로 교회 봉사를 하게 되었다. 사실 내 인생에 여자 전도사로 일하겠다는 계획은 전혀 없었다. 너무도 간절하게 부탁하시기에 다음과 같은 조건을 걸었다.

"교회에서 사례비를 받는 전도사는 싫습니다. 그러니 나에게 사례비를 주는 대신 교회에 쓰지 않는 빈 장소를 빌려 주십시오. 그러면 그 곳에서 유치원을 운영하면서 전도사로 봉사하겠습니다"

이렇게 나는 원치 않았지만 목사님의 사역을 돕기 위한 결정을 내리게 되었다.

그러나 나는 전도사란 타이틀보다 원장이란 이름을 더 좋아했다. 불모지였지만 유치원 운영은 성공이었고 유치원으로 인해 교회에 큰 변화를 가져왔다. 나는 사람들에게도 교회에서만 나를 전도사라고 부르고 사석에서는 원장이라고 불러달라고 할만큼 그 일에 매력을 느꼈다. 전적으로 교회 사역에 뛰어들진 않았지만 목사님 내외분이 따뜻한 마음으로 대해주어 인간적으로 정이 가는 분들이기에 더욱 최선을 다해 봉사하였다.

내 눈에 비친 목사님의 모습은 교회 지도자이긴 했지만 너무도 외로워 보였다. 목사님은 젊어서 목수로 평범하게 살았지만 열심히 교회 봉사를 했었노라고 하신다. 그러던 중 기도 중에 은혜 받아 치유의 은사를 경험하게 되었고 그 것이 계기가 되어 목회의 길로 오게 되었다고 한다. 처음 교회의 개척 멤버는 아이들까지 20명 정도였다. 그 사람들은 초교파적인 모임인 성경공부에서 만난 사람들이었다. 평범한 목사님과는 달리 성경 공부에서 만난 사람들은 다양한 계층의 사회적 지위를 갖고 있는 분들이었다. 군에서 높은 지위를 갖고 있는 사람, 학교 선생님, 기자 등 사회에서 내로라하는 사람들과 각 교회에서 영향력을 행사하던 사람들이 자신의 교회에 대한 불만을 품고 있던 터라 은사 받아 성령충만한 목사님과 손잡고 개척을 하게 된 것이었다.

하지만 목사님은 그들의 지도자라기보다 로봇 같은 느낌이 들었다. 경제적 능력이랄지 사회적 지위 때문인지 그들은 너무도 당당했고 반면 목사님은 모든 면에서 기

가 죽어 있었다. 그들은 설교까지 자기들의 스타일로 요
구하고 주장할 정도였다. 그 모습을 보면서 내 심장은
의분으로 고동치기 시작했다. 목사님 옆에서 목회자의
권위를 세워드리고 싶은 마음에 작전을 세워 돌입하기
에 이르렀다. 내가 저들을 제압할 무기는 두 가지였다.
먼저 나 자신이 철저히 목사님께 순종하는 모습을 보이
는 것이었다. 교회에서 사례비도 받지 않으면서 지역 주
민들에게 원장으로서 인기가 있고 학부모들에게 존경받
는 사람이 목사님 앞에서는 절대 순종하는 모습을 보인
것이다.

그리고 두 번째는 바로 기도였다. 나는 인생의 풋내기
라면 저들은 사회적 지위와 안정된 경제력, 오랜 교회
생활을 통한 경험에 있어서 내가 감히 대항할 수 없는
부분이었다.

그런 저들이 매일 같이 모여서 하는 일이라고는 목사
님 설교가 어떻고, 사모님이 어떻고 하며 목회자에 대한
불평, 불만을 토하면서 목사님이 설교하실 때의 목소리
와 제스츄어까지 지적하며 흉내내는 일이었다. 그러면

서 목사님을 자신들의 스타일로 길들여 가려 했다. 목사
님은 한계를 느끼시며 괴로워하셨다. 내가 그들을 대항
할 수 있는 방법은 기도밖에 없다고 생각했다. 나는 조
용히 기도 멤버를 찾았다. 유치원 학부모를 중심으로 소
수가 모여 교회 분위기 쇄신을 위해서 시간을 정해놓고
기도하기 시작했다. 물론 뜨겁게 기도할 만큼 기도의 사
람들은 아니였지만 서서히 새로운 분위기로 변화해 갔
다. 이런 모습을 보고 그들도 위기를 느꼈는지 목사님과
나를 함께 공격하기 시작했다. 하지만 목사님은 절대 그
들 편에 서지 않았다. 나를 신뢰하며 계속 힘을 실어주
셨기에 나도 그 힘에 힘입어 더욱 굴하지 않고 새로운
성도들과 새로운 분위기를 조성해갔다.

나중에는 자신들의 분에 못 이겨 목사님께 삿대질을
하며 여전도사의 치마 폭에서 목회하는 무능한 목사라
고 인신공격까지 서슴치 않았다. 나는 어떠한 비난의 소
리에도 감정으로 대응하지 않았고 학부모들을 동원하여
전도하는 일과 중고등부를 집중적으로 훈련하는 일에
매진했다.

그러던 어느 날이었다. 조그만 골방을 만들어 놓고 그 곳에서 쉬고 있는데 어느 집사가 찾아왔다. 평소에 그다지 나쁜 관계가 아니였던 사람이고 늘 나에게 호감을 갖고 있던 분이였지만 그 정체는 항상 불투명했다. 밖에 나가서 차 한잔 하면서 의논할 것이 있다는 것이였다. 그 집사가 나를 데리고 간 곳은 바로 개척 멤버 중에서도 리더급인 어느 권사 댁이였다. 평소에 그 권사 부부는 날 고운 눈으로 바라보지도 않았고 말도 걸지 않았던 사람들이였다. 이 자리로 왜 왔는지 의아해하는 나에게 꼭 드릴 말씀이 있다는 것이였다. 내키지는 않았지만 피한다고 될 일은 아닌 듯 싶어 안으로 들어가니 엄청나게 차려진 만찬과 함께 10여명이 넘는 그 멤버들이 모여 있었다. 그리고 그 중앙에 빈 한 자리는 바로 나를 위해 준비된 자리라고 하였다. 평소와는 달리 나를 우레와 같이 환영하며 평소 식사대접 한 번 하지 못해 초대한 것이라고 부담 갖지 말고 식사하라는 것이였다. 어안이 벙벙한 채 식사를 마쳤다.

식사가 끝난 후 아니나 다를까 그들 입에서는 한 사람

씩 짜기라도 한 듯 나에 대한 칭찬을 늘어놓기 시작했다. 그리고 전도사님을 정식으로 자신들의 모임에 모시고 싶다고 말하는 것이 아닌가? 어디 그것 뿐이였나? 목사님에 대한 흉을 거침없이 풀어 놓기 시작하는데 나는 한 30분 동안을 침묵하며 그 이야기를 듣고 있었다. 더 이상 인내의 한계를 느낀 나는 손발이 벌벌 떨렸고 분개하며 벌떡 일어나 양손으로 식탁을 내리치고 당당하게 말했다.

"당신들 날 어떻게 보고 이런 행동을 하십니까?"

그리고 나는 그 자리를 뛰쳐나왔다. 나를 그곳에 데리고 온 집사는 오해하지 말라며 나를 잡았지만 괘씸한 마음과 날 우습게 본 저들에게 어떻게 본때를 보여줄까 하는 마음에 잠을 이룰 수가 없었다.

이와 같은 상황을 목사님께 말씀드릴 수도 없고 해서 평소 친하게 지내던 백강선 권사를 찾아갔다. 나이와 상관없이 영적으로 지도해 주는 나를 어머니처럼 의지하셨던 분이셨다. 그런데 목사님에 대한 상처가 있어 교회 생활을 적극적으로 하고 있지 않는 상황이었다. 또한 디

스크로 육신의 몸 또한 자유롭지 못한 상태였다. 나는 권사에게 허리 고치기 위해 기도원에 가자고 설득했다.

"전도사님, 난 한 번도 기도원에 간 적이 없어요. 걸어 다닐 수도 없는 이 몸을 가지고 어디를 가요. 용기가 나지 않아요"

극구 만류하는 권사에게 의학적 방법을 다 동원해도 안 낫는 것이면 주님께 매달려 보아야 한다며 설득했고 결국 백권사는 남편의 허락을 받아냈다. 사실 난 백권사의 질병 때문이 아니라 교회 문제로 상처 난 나의 자존심을 해결할 방법을 원했던 것이다.

우리는 오산리 금식기도원에 올랐다. 나는 일주일 금식, 권사는 삼일 금식을 작정했다. 약하디 약한 권사의 금식은 거의 죽음이였다. 그 모습을 보면서 이러다 권사를 하늘나라 보내는 것 아닌가 싶어 안타깝기만 하였다.

"전도사님 좋아요. 평생 금식 한 번 못 해보고, 기도원 한 번 안 와 보고 예수 믿었던 나에게 이렇게 좋은 경험 하게 해 주셔서 감사해요. 나 병 낫지 않아도 괜찮아요. 이렇게 영적인 경험으로 만족해요. 그러니 전도사님 너

무 마음 아파하지 마세요.” 라고 말하며 오히려 나를 위
로하였다.

금식 3일째 되는 날, 목사님을 이곳에 모시어 권사와
화해시켜야겠다는 감동이 왔다. 조심스럽게 목사님께
전화를 걸었더니 목사님은 한 걸음에 달려 오셨고, 두
분은 뜨거운 화해를 하며 눈물을 흘리셨다.

삼일 금식을 마친 권사는 보호식을 하며 기도원에 머
물렀고 나는 계속 금식을 했지만 권사의 병세는 전혀 나
아질 기미가 보이지 않았다. 모든 금식이 끝났다. 내색
하지는 않았지만 실망을 앉고 기도원 버스에 올라타 앞
좌석의 의자를 손에 잡고 창밖을 내다보는데 눈에서는
눈물이 주르륵 흘러내렸다. 그 때 분명하게 그리고 너무
도 선명하게 들리는 음성이 있었다.

“사랑하는 딸아, 하산하면 치료해주마”

연속으로 두 번 들리는 음성에 화들짝 놀라며 옆에 앉
은 권사께 말했다.

“권사님, 하산하면 치료해주신대요”

“전도사님 괜찮아요. 나 은혜 받았어요. 마음에 기쁨

을 얻었으니 족해요” 라고 말하며 피식 웃는 것이 아닌
가?

전혀 내 말을 믿어주지 않는 것이였다. 본인이 그렇게
이야기하니 나 또한 더 이상 말하지 않고 침묵 속에 무
거운 마음으로 내려왔다. 집에 도착하자 서글픈 마음에
샤워를 하면서 마구 울었다. 그 때 전화벨이 울렸다. 할
머니께서는 나를 찾는 전화라며 목욕탕 안으로 전화기
를 내미셨다.

“여보세요?”

“엉엉엉... 전도사님... ” 백권사였다.

“왜 그래요? 무슨 일 있어요?”

“나 허리 다 나았어요. 택시에서 기어 내리려고 하는
데 허리가 펴지는 거예요. 놀라서 움직이고 걸어봐도 언
제 아팠냐는 듯이 하나도 안 아픈거예요.”

“알았어요. 나 지금 택시타고 갈께요”

우리는 너무 좋아 어쩔 줄 몰라했고 교회라면 진저리
를 치던 백권사 남편은 교회 기물을 들여 놓으며 교회에
대한 고정관념이 바뀌기 시작했고 시간이 지난 후였지

만 지금은 멋진 교회의 일군이 되었다.

나는 목회하면서 지금도 그 날의 감격을 잊을 수가 없다. 어떤 상황에도 불의와 타협하지 말자고 결단하며 교회 중심이 곧 하나님 중심인 것을 깨달았다. 목회자 중심이 곧 하나님 중심임을 알게 하셨다. 그 후 교회에도 변화가 일어났다. 20명의 멤버들은 떠났고 새롭게 기도와 말씀으로 교회는 세워져갔다.

"여호와께 피함이 사람을 신뢰함보다 나으며 여호와께 피함이 방백들을 신뢰함보다 낫도다"(시 118:8-9)

나는 이 일을 계기로 내게 주어진 그 어떠한 운명이라 할지라도 그 운명과 싸워서 평범함을 뛰어넘겠다는 당찬 결심과 결단력을 하게 되었다. 탁월한 사람으로 가는 첫걸음은 의를 위한 용기와 결단이다. 나는 타고난 재능이 적다. 다른 사람보다 월등한 부분도 없다. 지극히 평범한 내가 탁월한 사람이 될 수 있는 길은 오직 인생의 생사화복을 주관하시는 하나님과만 타협하는 것이었다.

러시아의 과학자 에프레모브는 "사람이 자기 두뇌의

절반을 사용할 수 있다면 아마도 40개국 언어와 큰 백과사전을 전부 암기할 수 있을 것이다"라고 말했다. 알고 보면 위대한 사람들도 대부분이 처음부터 천재적인 기질을 갖고 출발하지는 않았다. 다만 그들이 평범한 사람과 다른 점은 자기 현실에 안주하지 않았다는 것이다. 다른 사람이 비난하고 인정해 주지 않는다 해도 자신만은 스스로를 믿어주고 격려해야 한다.

"나도 탁월한 사람이 될 수 있어".

하나님은 보통 사람을 훈련시켜서 당신의 탁월한 일군으로 쓰신다. 그 분이 부르실 때 거절하지 말아라. 고난과 고통을 두려워 말아라. 탁월하게 쓰임받는 자들을 생각해 보아라. 훈련없이 쓰임받은 자는 없다. 강한 훈련은 보통 사람을 탁월하게 만들기 때문이다. 고난과 고통 속에서도 평정을 잃지 않는다면 당신의 인생이 바뀔 수 있는 절호의 기회가 될 것이다. 아브라함이 그 기회를 놓치지 않고 순종했듯이 두려워 말고 의심치 말고 아멘으로 순종하고 기도할 때 평범에서 탁월로 전환되는 축복이 있게 된다.

내 안에 잠자는 거인을 깨우는 기도

정상에 오른 지도자들의 모임에서 테레사 수녀가 강연을 마친 후에 귀족들로부터 질문을 받았다.

"테레사 수녀님, 성공을 축하합니다. 이렇게 성공하기까지 어려움과 역경을 잘 이겨내셨는데 혹시 불안하거나 두려움은 없었는지요?"

초라한 수녀복 차림의 테레사는 순수한 모습 그대로 대답을 했다.

"하나님이 나를 세상에 보내신 것은 오직 섬김을 위해 보내셨기에 성공을 생각해 본 적이 없었습니다."

오늘을 사는 우리들은 너나없이 모두가 '성공'에 집착하고 살아간다. 테레사 수녀도 분명 성공한 사람임에 틀림이 없다. 다만 그녀는 성공우선이 아닌 섬김우선으로 살았더니 하나님께서 성공은 덤으로 주신 것이다. 4가지 종류의 유형이 있다. 첫째, 일취월장형(日就月杖型)의 사람으로 환경적 배경이 뒷받침되어 자신의 노력 없이도 단 번에 성장하는 사람을 말한다. 두 번째, 사라진 신동형(神童型)의 사람이다. 어려서부터 똑똑하여 천재, 영재, 수재 소리를 듣고 자랐지만 세월의 흐름과 함께 사라지는 사람들을 말한다. 세 번째, 숨어있는 보석형의 사람은 자신이 얼마나 잠재된 능력의 사람인지 모르고 사는 사람들이다. 하지만 이런 사람들도 좋은 지도자를 만난다든지 멘토를 통해 자신의 가치를 찾아낼 수 있다. 마지막으로 대기만성형(大器晚成型)의 사람이 있는데 그들의 시작은 미약하나 점차 창대해지는 유형이다. 이런 유형의 사람들은 점점 좋아지고 성장하는 사람들이다.

그리스도인이 된다는 것은 어떤 것을 갖는 것이 아니

라 어떤 사람이 되는 것이라고 생각한다. 우리는 성장해야 한다. 어디까지 성장해야 하냐고 묻는다면, 당연히 그리스도의 분량까지 성장해야 한다고 말하고 싶다. 존 낙스가 자신이 일치월장형이 아니였기에 감사했던 것은 자신이 대기만성형으로 성장해가며 하나님의 일을 성취해가며 느끼는 쾌감을 알았기에 가능했던 일이다.

성장은 하나님의 뜻이다. 생명을 주신 하나님은 그 생명이 자라나기를 원하신다. 성장은 무엇보다 자기 자신을 행복하게 한다. 인간이 동물과 다른 것은 성장 곧 배움의 기쁨을 누리는 존재라는 것이다. 사람은 누구나 변화할 수 있고 개발할 수 있으며 완성을 향해 성장할 수 있다. 그러나 무엇보다 중요한 것은 내 안의 잠자고 있는 '거인'을 볼 수 있어야 한다. 우리가 말을 물가로 데리고 갈 수는 있지만 그 말에게 물까지는 먹일 수 없다. 물을 먹는 것은 말이 스스로 해야 할 몫이다. 창조주의 시선으로 자신을 바라본다면 내 안에 잠재되어 있는 장점을 볼 수 있다. 누가 잠자고 있는 거인을 깨울 것인가? 즉 내 안에 잠재된 나만의 재능과 은사를 어떻게 찾을 것인가?

잠자는 거인을 깨우기 위해서는 '힘'이 있어야 한다. 육체적 건강뿐 아니라 전인적으로 건강한 사람이 자신 안에 잠자는 거인을 깨워 성장시킬 수 있다. 나만의 타고난 능력을 찾아라. 그리고 개발해야 한다. 모든 학습은 감정의 수준에서 시작되므로 정신적인 건강이 거인을 깨우는데 도움이 될 것이다. 아침에 일어나지 않는 남편이나 자녀를 무력으로만 깨울 수는 없다. 그러나 풍성한 감성을 살려 깨운다면 일어난 후에 효과도 아름다울 것이다.

정신적으로 폐쇄적인 사람이라면 어찌 자신 안에 숨어 잠자고 있는 거인을 볼 수 있겠는가? 아무것도 아닌 나, 보잘 것 없는 나, 형편없는 나 밖에는 보지 못할 것이다. 건강하지 못한 정신적 질환은 영혼에 많은 상처를 입힌다. 죄책감과 공포, 자기 거절, 자신을 해치는 쇠사슬에 얽매인다.

철학자요 심리학자인 윌리엄 제임스는 건강한 마음을 만드는 정신세계와 병든 영혼을 만드는 정신세계에 대해 이야기한다. 잠자고 있는 능력은 건강한 자아를 갖고 있는 자만이 발굴 할 수 있는 것이다. 사람에게는 세 가지 위기가 있다. 어린 시절부터 자라나면서 겪는 아픔과 상처로 인한 발달적 위기와 사별, 이혼, 질병, 사업실패 등으로 인한 상황적 위기 그리고 실존적 위기가 있다. 실존적 위기는 삶의 의미를 찾지 못하는 것이다. 여기서는 실존적 위기가 제일 중요하다. 이 위기를 극복한다면 발달적 위기와 상황적 위기를 대처하고 치료하는데 큰 어려움이 없기 때문이다. 우리가 여기서 말하는 세 가지 위기를 극복하지 못한다면 무기력, 허무감, 슬픔, 칩거, 대인기피, 자살충동, 과다수면, 성욕 등으로 영과 혼과 육은 암흑의 세계로 빠지게 된다.

이 모든 위기를 극복하는 유일한 방법은 거듭남(Born again)이다. 물과 성령으로 거듭난 믿음으로 거짓되고 폐쇄된 자아를 벗어 버리는 것이다. 먼저 죄책감과 정죄감의 겉옷을 벗어야 한다. 흔히들 죄책감을 회개와 혼동하는데 죄책감과 회개는 다르다. 정죄감 또한 내 몫이 아니다. 오직 주님에게만이 그 권한이 있지 누가 우리에게 정죄할 수 있는 권한을 주었나? 두 번째, 두려움과 불안감의 옷을 벗어야 한다. 두려움과 불안함은 인간의 진로를 가로막는 가장 큰 장애물이다. 세 번째 겉옷인 열등감과 자기비하를 벗어 버려라. 이것이 겸손이라고 누가 말하겠는가? 겸손으로 착각하게 만드는 것은 사단의 교란작전일 뿐이다. 네 번째 겉옷은 결벽증과 완벽주의이다. 이것을 벗어야 그 안에 감추어진 새로운 피조물, 하나님의 형상, 감추어진 보화인 잠자는 거인을 만나게 될 것이다. 하나님은 무가치한 존재를 만들기 위해 시간을 허비하지 않으셨다.

나 역시 환자라고 고백하지 않았나? 위의 네 가지 겉옷을 끼어 입고 있을 때는 내 마음 속에 울고 있는 내 모습 밖에는 볼 수 없었다. 하지만 자기를 잃지 않으면서 자기를 넘어서는 힘을 가질 수 있었던 것은 보혈의 공로를 덧입은 은혜의 옷을 입었을 때 가능했다.

"영접하는 자 곧 그 이름을 믿는 자들에게는 하나님의 자녀가 되는 권세를 주셨다"(요 1:12).

　나는 날마다 내 안에 있는 거인을 살리기 위하여 가지치기를 한다. 새롭게 갈아입은 믿음과 사명으로 확립된 자화상이 오염되지 않기 위하여 오늘도 하나님과 사람 앞에 당당히 고백한다. "나는 하나님의 자녀요, 의의 종이요, 하나님을 위해 일하는 사명자"라고 힘주어 증거한다.

　절대로 잘못된 성격은 하나님이 만드신 것이 아니다. 그것은 상처받은 아픔의 결과이다. 이것은 반드시 치료되어야 한다. 그래야 진짜 자신의 모습, 하나님의 창조 모형이 나타난다. 하나님은 우리에게 주변의 몇 사람만 사랑하기에는 너무 큰 가슴을 주셨다. 내 안에 거인은 기도와 말씀으로 계발될 수 있다는 사실은 조지 뮬러의 생애가 말해준다.

　기독교 역사상 기도 응답을 많이 받기로 소문난 그는 세무원으로 일하던 아버지 밑에서 적절한 교육을 받지 못하고 자랐다. 아버지의 편애와 적절치 못한 물질관리로 형제간의 불화가 끊이지 않았고 10세가 채 안된 시절에 아버지의 주머니에서 돈을 훔치는 등 상습적인 탕자였던 그였다. 어머니가 세상을 떠난 뒤 그의 삶은 더욱 어두운 길로 들어섰다. 19세까지 형무소 생활은 계속됐다.

그러던 중 1825년 11월 중순 어느 토요일 저녁 한 모임에 참석했다가 너무도 간절히 기도하는 한 사람의 모습에 감명을 받아 자신의 부끄러운 모습을 깨닫기 시작했다. 그 기도하는 모습이 너무도 감명이 되어 그 후 학문에 전념했고 말씀과 기도에 전념하는 새로운 사람이 된 것이다. 그가 고아원 사역을 하면서 어렵고 힘들 때, 간절한 도움이 필요할 때 사람의 도움을 구하지 않고 하나님께 기도하므로 5만 번 이상 기도 응답을 받은 역사적 인물이 된 것이다. 형무소 신세로 일생을 마무리할 수밖에 없었던 그가 기도에 꽂히고 기도에 자신을 투자하니 역사에 기록될 고아들의 아버지가 된 것이다. 탕자였던 그가 무려 6개국의 언어를 구사하며 2천명이 넘는 고아들을 양육하는 대부가 된 것이다.

또한 그는 인생의 황혼기에 접어들자 42개국을 다니면서 약 3백만명에게 복음을 전하다가 93세에 하나님의 부름을 받았다. 그가 기도라는 아름다운 선물을 받지 못했다면 자신 안에 이렇게 거대한 거인을 발굴할 수 있었을까? 그는 기도를 통하여 잠자는 거인을 깨우고 성장시켰다.

잠자는 그대여! 일어나라 그리고 빛을 발하라.

인생의 멋보다 맛을 내는 기도

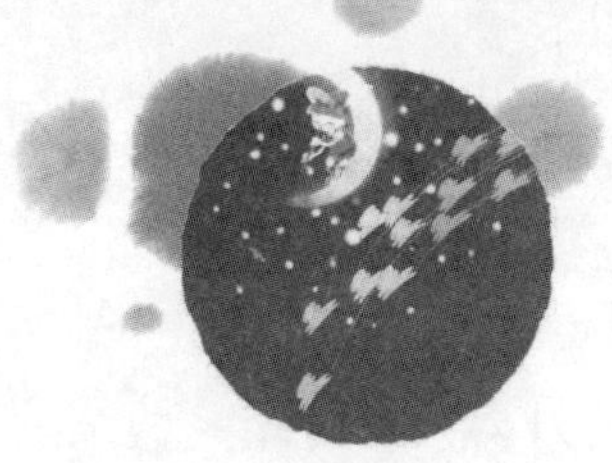

세상에는 많은 종류의 다양한 사람들이 있다. 형편
없는 부류의 사람들은 자신의 유익을 위해서라면 반사
회적 행동을 서슴지 않는 사람들이다. 하지만 세상이 평
정을 잃지 않고 희망이 남아 있는 이유는 이런 형편없는
사람들보다 멋있는 사람들이 더 많기 때문일 것이다. 여
기서 멋있는 사람은 외모가 준수함을 말하는 것은 아니
다. 인격과 매너가 타의 모범이 되는 사람을 멋있는 엘
리트라고 말하고 싶다.

신앙적 인격이 갖추어지지 않고 겉사람만 멋있는 사람

은 위선적인 멋만을 소유한 사람이다. 폼생폼사, 내용과는 상관없이 폼 잡고 살다가 폼 잡고 죽는다. 그들은 자신의 행복이나 만족보다는 남들이 나를 어떻게 볼까에 신경을 쓰며 체면 위주로 살아간다. 잘산다는 기준도 오직 돈에 국한시켜 물질만이 최상의 가치인줄 안다. 그들에게 출세는 명예나 권력을 얻는 것이다. 그래서 자신보다 낫다고 생각하는 사람에게는 한없이 비굴하지만 자신보다 못하다고 생각하는 사람은 무시하고 멸시하는 태도를 감추지 못한다. 그들은 인생의 즐거움은 오직 쾌락뿐이라고 생각한다. 재미와 흥미를 좇아 살다가 보람 있는 일이나 선한 일은 자신의 이름이 드러나는 곳에만 손을 뻗는다. 이런 라이프 스타일(Life Style)은 세상적 멋을 부리는 삶의 스타일이다.

하지만 멋있는 크리스천은 질이 다르다. '하나님은 나를 어떻게 보실까?'를 생각하며 자신과 삶의 초점은 오직 하나님께로 둔 사람이다. 폼생폼사가 아닌 항상 은혜로 살아가는 사람이다. 잘 산다는 기준이 돈과 명예에 있지 않고 행복에 기준을 둔다. 재미를 찾아다니는 것이 아니라 내면에서 솟아나는 기쁨으로 인생을 즐기는 사람이다. 위선적인 멋스러움을 가진 사람은 마음 이면의 것은 변하지 않고 표면만 바꾸려하기 때문에 신앙 생활을 억압으로 느끼게 되고 방관자 또는 냉담자 나아가 불평자로 지도자의 속을 태우기도 한다.

각각 다른 개구리 세 마리가 큰 우유통에 빠졌다. 한 마리의 개구리는 우유통에 빠진 자신을 보며 운명이라고 생각하고 포기하고 죽고 말았다. 또 한 마리는 쉽게 포기하는 개구리를 비난하며 노력을 해보았지만 시간 차이만 있을 뿐 역시 죽게 되었다. 마지막 한 마리의 개구리는 끝까지 포기하지 않고 우유 안을 뱅뱅 돌면서 죽음을 생각하기보다는 수영하며 즐기다가 그 우유가 버터가 되자 튀어 올라 나올 수 있었다.

나는 무엇보다 내 인생을 소중히 여긴다. 나는 멋있는 인생보다 나의 삶을 맛있는 인생으로 즐기고 싶다. 죽음도 두렵지 않을 만큼 내 삶은 말씀의 조각으로 정말 아름답게 장식하고 싶다. 방어기제를 사용할 필요가 없다.

과장, 포장, 위선, 침묵, 판단, 정죄 등보다 단순하게 조미료 없이 맛을 낼 수 있는 휴식을 주는 여자이고 싶다. 신앙이 억압일 때는 위선적이고 타인을 의식하였지만 마음이 변화되니 신앙이 억압이 아닌 자유라고 선언하게 되었다. 마음이 변화되니 생활이 자유롭다. 또한 내가 얼마나 가치있는 사람이고 소중한 사람인가는 나로 인해 다른 사람이 행복을 느낄 때 더욱 절감하게 된다. 과거 나는 다른 사람으로부터 거절당하는 것에 매우 익숙하지 못하여 미숙한 모습을 보일 때가 많았다. 남에게 해를 입히지도 않았는데 이유없이 거절당할 때 상한 마음은 분노로 표출되기도 했다. 하지만 은밀한 곳에서 만난 절대인격자 하나님은 조용히 물으신다.

"너가 정말 좋은 사람이냐?"

나쁜 사람은 아니지만 정말 좋은 사람인지는 자신이 없었다. 삶의 이치가 음양의 이치인 것 같이 밤과 낮, 어두움과 빛, 실체와 그림자처럼 내 삶의 라인에도 두 종류가 있다는 말씀을 하셨다. 바로 블랙 라인(Black Line)과 해피 라인(Happy Line).

사람은 누구든지 두 종류의 라인을 갖고 있다. 하지만 행복과 불행의 차이는 어느 쪽에 시선과 초점을 두느냐에 따라 다른 것이다. 내 삶에 잊지 못할 많은 사람들이 얼마나 많은가? 그들을 바라보며 행복해하고, 그런 그들이 있기에 내 인생의 맛을 나게 할 수 있다는 것을 깨닫게 된 것이다. 친구 같은 사람, 동역자 같은 사람, 자녀 같은 사람, 애인 같은 사람 등 내 인생의 해피 라인의 사람들에게 축복하고 칭찬하고 격려하고 사랑하다보면 마음이 풍성해 짐을 느끼게 된다. 그들은 나 자신의 존귀함을 더욱 깨닫게 하므로 내 인생을 그들에게 아낌없이 투자하고 싶다. 또한 블랙 라인의 사람들에게도 중보기도하며 그들을 통해 나의 부족을 채워갈 수 있어 감사할 수 있게 되었다.

주님께서 원하는 좋은 사람은 이웃에 대한 나의 태도가 어떠한가에 따라 달렸다. 하나님께 목숨을 걸만한 사명자라면 자기 자신을 내어 줄만한 사랑을 투자하라는 것이다. 큰 사람은 될 수 없지만 맛을 내는 삶은 가능할 것 같다. 나에게는 열등감을 극복한 믿음의 경력이 있고, 환경을 타파할 만한 사명이 있다. 이만한 믿음이라면 죽음, 명예, 돈, 권력 앞에서 비굴하지 않을 수 있다. 나의 신앙적 자존감이 나만의 독특한 맛을 낼 것이다.

다윗도 자기만의 독특한 맛을 내며 산 사람이다. 감성도 이성도 영성도 충족된 사람 그래서 그는 시편의 걸작을 만들어 냈고 그 중 시편의 진주라고 불리우는 시편 23편은 그의 행복과 만족을 여실히 드러내는 멋진 장면이다.

"여호와는 나의 목자시니 내게 부족함이 없으리로다 그가 나를 푸른 초장에 누이시며 쉴 만한 물가으로 인도하시는도다 내 영혼을 소생시키시고 자기 이름을 위하여 의의 길로 인도하시는도다 내가 사망의 음침한 골짜기로 다닐지라도 해를 두려워하지 않을 것은 주께서 나와 함께 하심이라 주의 지팡이와 막대기가 나를 안위하시나이다 주께서 내 원수의 목전에서 내게 상을 베푸시고 기름으로 내 머리에 바르셨으니 내 잔이 넘치나이다 나의 평생에 선하심과 인자하심이 정녕 나를 따르리니 내가 여호와의 집에 거하리로다"

그는 가슴으로 산 사람이다. 물론 그의 삶에도 블랙 라이프가 있었지만 그의 인생 전체를 평가한다면 가슴으로 살아 행복했던 사람이라고 생각된다. 육체로 살았던 삼손보다, 머리로 살았던 야곱보다 인생의 아름다운 흔적을 성경적으로 남겨 놓은 것을 보면 말이다. 가슴으로 사는 사람은 마음에 주님이 주시는 평안이 있어야 한다. 용기가 있어야 한다. 용기 있는 사람은 안주하려고 하는 자신을 용납하지 않을 뿐 아니라 불의한 것에 의분을 참지 않는 멋있는 사람이다. 포기하려는 나약함에 도전하고 진리에 도전하는 자들에게 맞서는 멋진 사람이다. 믿음의 사람은 가슴으로 산다. 가슴으로 사는 사람은 따뜻하고 겸손하다. 하나님께서 자신을 세우신 존재의 의미를 깨닫고 하나님의 때를 기다릴 줄 아는 멋진 사람이다.

"하나님! 애벌레가 아닌 나비가 되기 위하여 안전지대를 떠나 더 높은 곳을 비행하는 훈련을 즐기게 하옵소

서. 내가 포기하려고 할 때도 1%만 더 노력하라고 일으
켜 주옵소서. 내 인생의 최고의 목적은 하나님의 영광을
위하여 꼭 필요한 사람, 하나님 나라에 맛을 내는 사람,
영적인 감초같은 당신의 영원한 파트너이고 싶습니다.
주님 나에게 행복을 주셨듯이 나도 좋은 사람 되어 행복
을 주는 사람이 되렵니다"

제 3 부
기도! 나만의 유일한 영적 우물

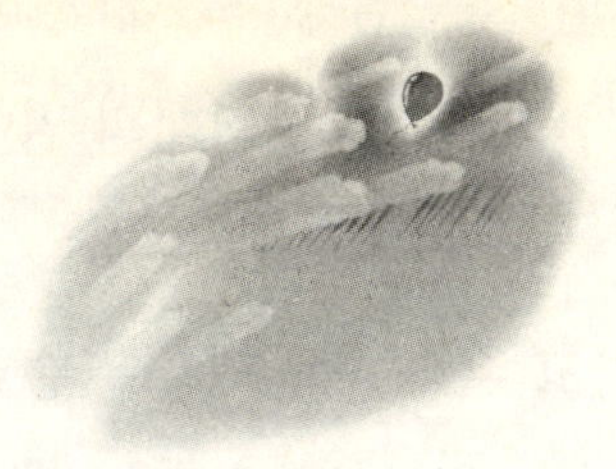

나만의 깊은 우물

현대는 그야말로 멋진 시대이다. 그 어떤 시대보다 많은 그리스도인들이 살고 있으며 다양한 매체를 통하여 많은 민족과 사람들에게 하나님의 말씀이 증거되고 있고 세계 각처에서 교회가 확산되고 있다. 그러나 오늘날 우리가 필요한 것은 인적자원이나 재정이 아니다. 우리에게 가장 필요한 것은 '영성 깊은 기도'이다. 기도는 교회 최대의 재산이다. 그리스도인인 우리가 주의 길을 예비할 수 있는 가장 효과적인 방법도 기도이다. 그 어떤 방법보다 기도는 자신과 교회, 다른 이들에게까지 영향력을 행사할 수 있으며 주님의 일을 감당하는데 큰 역할을 할 수 있다. 기도는 우리가 할 수 있는 최대의 일이기 때문이다.

요리사는 혀끝이 민감해야 하고 수술하는 의사는 손끝과 이성적 판단이 예민해야 하듯 영적 사역을 감당하는 자들은 영적으로 아주 민감함을 유지해야 한다. 영적으로 민감하려면 양심이 투명하고 살아있어야 하며 그리고 그 생명의 양심을 유지하기 위해서는 보혈의 피로 물을 주어야 한다. 즉 회개가 매순간마다 진행되어야 한다. 깨끗한 영, 맑은 양심을 가진 자는 하나님의 영과 친밀할 수밖에 없으며 고로 깨닫는 지혜가 뛰어나게 된다.

나는 하나님으로부터 '깊은 우물'이란 애칭을 받았다. 내가 어떠한 존재이며 하나님의 진정한 속성이 무엇인지를 알았고 내가 감당해야 할 사명을 찾은 것이다. 그리고 지금도 꾸준히 내 안의 죄와 사단의 영들을 예수의 이름으로 정복해 가고 있다. 내가 금식을 선포할 때는 내게 주어진 사명과 하나님의 깊은 속성이 나의 게으름으로 퇴색되어져 감을 느낄 때 그 위기감과 죄스러움으로 하게 된다. 소원하고 바라는 것에 비해 나의 모습은 나태해져가기에 금식으로 나를 채찍질 하는 것이다.

어릴 적에 나의 어머니는 절대 용서하지 하지 않는 두 가지가 있었다. 거짓말 하는 것과 밥을 먹지 않는 것이였다. 밥을 먹지 않는 것은 반항하는 것이요 부모의 마음을 제일 상하게 하는 행동이라 여기셨다. 지금도 어머니는 금식하는 나를 보면 안타까워하시지만 나는 고백한다. 하나님을 향한 나의 금식은 절대 반항이나 사랑의 하나님의 마음에 아픔을 드리기 위함이 아니고 재정비하는 신앙적 고백이라고 말이다. 어느 날 3일 금식을 한 적이 있다. 하루는 나의 사명을 위하여, 하루는 남편 목사님을 위하여, 하루는 오빠 목사님을 위하여 기도했다. 첫째 날 나 자신을 위해 기도할 때 다음과 같이 기도했었다.

"하나님! 내 안에 있는 은사의 씨앗을 집중적으로 키워 갈 수 있도록 도와주옵소서. 눈물의 기도로 물을 주고 말씀과 찬송으로 거름을 주고 금식으로 돌과 가시, 잡초를 거두게 해 주소서. 지금은 내가 주님을 만나는 것이 거울과 거울을 보는 것 같이 희미합니다. 내가 하나님과 친밀한 사이가 되어서 얼굴과 얼굴을 대하는 것 같이 확실하고 분명한 성령의 증인되게 하옵소서”라고 기도를 드렸다. 그 때 주님께서 나에게 이렇게 대답하셨다.

“예수님의 깊은 기도를 배우고 훈련하라. 사도 바울에게 3천층의 영적 세계를 보여주었듯이 밧모섬의 요한에게 신령한 세계를 보여주었듯이 너 또한 깊은 세계를 보게 될 것이다.”

그 때 나는 너무도 감격하여 주님께 말했다.

“주님! 내가 어떻게 하길 원하십니까?”

“깊은 우물이 되어라”

그 순간 너무 감사하여 흘렸던 내 눈물이 부족한 내 모습을 모두 씻어주는 것 같았다. 우물은 혼자만의 삶이 아니다. 다른 사람과 나누는 것이다. 나는 이젠 그 우물이 죄와 세상으로 인해 오염되지 않도록 더 깊이 있고 맑고 정결하게 관리해야 함을 느낀다.

“내가 주는 물을 먹는 자는 영원히 목마르지 아니하리

니 나의 주는 물은 그 속에서 영생하도록 솟아나는 샘물
이 되리라"(요 4:14).

나는 늘 우리 교회가 약수터 같은 교회가 되길 위해 기
도한다. 나그네들에게 쉼과 목마름을 제공하며 힘들게
인생길을 걷고 있는 행인들에게 목마름을 해결해 줄 수
있는 약수터 같은 교회 말이다. 그리고 그 곳의 깊은 우
물이 되길 기도한다. 단순히 육의 갈증만 해결하는 것이
아니라 영적으로 정신적으로 지치고 목말라하는 모든
이들에게 주님으로부터 나오는 영생의 물을 마시게 하
고 싶다.

이 모든 사역의 목표는 분명하다. 모든 영광은 하나님
께, 모든 공로는 예수님께, 모든 능력은 성령님으로부터
오는 것임을 결코 잊지 않을 것이다. 스스로 영웅이 될
때 그 때가 바로 내 인생의 지옥이 될 것임을 너무도 잘
알기 때문이다. 내가 어떤 은사로 어떤 사역을 하든지
그 사역 자체가 주체가 될 수 없다. 남편 목사님의 목회
를 돕는다는 질서는 반드시 유지할 것이다. 나의 나 된

것은 하나님의 은혜요 남편의 절대적 지지 때문인 것을 알기 때문이다. 사역의 초심 또한 잃지 않을 것이다. 나같은 환자가 하나님의 위대한 일에 쓰임받는 것으로 감사하되 그 빚을 갚기 위하여 영혼에 대한 긍휼한 마음 또한 잃지 않을 것이다.

"무릇 지킬만한 것보다 네 마음을 지키라"(잠 4:23).

내 마음을 지키고 사명을 지키기 위해서는 죄를 다스릴 수 있는 기도가 있어야 하고 이성과 감성을 조절할 수 있는 말씀이 중심되어야 하며 성령의 능력으로 항상 기도의 항아리, 말씀의 항아리를 아구까지 채워야 할 것이다. 말씀과 기도의 그릇이 충만하여 지친 영혼들의 손과 발을 씻겨주고 섬겨주어야 할 것이다.

삼위일체 하나님께서는 우리의 전능자 하나님이시다. 교회는 모든 것을 감싸주고 싸매주는 어머니의 치마 폭이요 무릎이다. 목회자 또한 무지한 영혼들을 깨우쳐 주고 가르치는 스승이 되어야 한다. 나 또한 섬기는 자가 되기 위하여 깨끗한 마음, 말씀과 재물을 아낌없이 베푸는 은혜의 사람이 되어야 함을 잊지 않고 있다. 그러기 위해서 끊임없이 훈련하고 인격을 쌓아가며 내 자신이 주님 손에 드려진 보리떡임을 잊지 않는 겸손함이 더욱 필요하리라 생각된다. 나는 큰 사람이 되길 원하지 않는다. 성공한 사람이 되길 원하지도 않는다. 다만 소중한 사람이 되길 바란다. 하나님과 사람들에게 쓰여지는 필요한 사람이 되길 원할 뿐이다. 기적의 사람, 성령 충만한 리더가 되기 위하여 오늘도 작은 것을 소홀히 하지 않을 것이며 성령님의 세미한 음성까지도 외면하지 않을 것이다.

깊은 우물이 약수가 되기 위해서 아직 해야 할 일이 많다. 갈증나는 육체의 목을 축여주는 것으로 만족하는 것이 아니라 시든 영혼을 소생시키고 병든 영혼을 치료하는 깊은 우물이 될 것이다.

"깊은 우물아! 영과 육을 살리는 축복의 샘이 되어 다오"

이것이 하나님이 부족한 나에게 원하시는 것임을 안다.

영국의 영성 깊은 의사 토마스 브라운경이라는 사람은 성경에 나오는 '누가'와 같은 사람이었다. 그는 축복의 기도를 생활화한 축복의 사람이다.

"나는 축복하는 사람이 되기 위하여 더 많이 기도하고 항상 기도하고 조용한 곳에서나 분주함 속에서도 그 어떤 곳이라 해도 기도의 장소로 삼을 것이다"

그는 자신의 환자들에게 축복하는 기도를 치료의 한 부분으로 여겼다. 외모가 아름다운 여인이 병들어 오면 하나님의 창조의 솜씨에 찬송을 드리고 그 여인의 마음을 아름답게 하셔서 안과 밖이 일치되도록 기도했다. 육체로 인해 장애를 갖고 오는 환자에게도 온전한 영혼을 주시고 부활의 아름다움을 갖게 해 달라고 기도했다고 한다.

기도에는 감히 말로 표현할 수 없을 정도로 거룩하고 능력있는 실재의 세계가 펼쳐진다. 기도가 가진 이 놀라운 권세는 오직 기도하는 사람의 몫이다. 환상이나 신비의 세계만 있는 것이 아니라 전인적인 인격을 위한 지혜와 사랑도 포함되어 있어 영과 육의 조화 있는 밸런스를

맞추어 준다. 말씀이 인격이 되신 예수님은 완벽한 인격
자이시며 사명자로 완전무결한 성공자이시다. 기도가
환상이나 신비만을 나타내는 비성서적인 논리로 기도를
회피하지 않길 바라는 마음이다.

"그러므로 우리가 여호와를 알자 힘써 여호와를 알자
그의 나오심은 새벽 빛같이 일정하니 땅을 적시는 늦은
비와 같이 우리에게 임하시리라"(호 6:3).

"내가 그리스도의 부활의 권능과 그 고난에 참여함을
알려하여 그의 죽으심을 본받길 원하노라"(빌 3:10).

우리의 가장 깊은 소원은 무엇인가? 우리의 영적인 열
망은 무엇인가? 우리의 소원은 하나님을 닮아가는 것이
다. 우리의 열망은 하나님의 거룩한 임재와 그의 능력을
소유하는 것이다. 이렇게 될 때 비로소 우리는 그리스도
의 신부가 되고 그의 왕 같은 제사장으로서 공동체의 중
보자가 되어 우리에게 주신 사명을 충성되이 감당할 수
있는 것이다. 나 또한 내 영혼의 깊은 우물이 부패하지
않기 위해서 무릎을 꿇을 것이다. 예수님의 동생 야고보
가 인생 후반을 기도하는데 바친 것처럼 기도의 사람으

로 내 인생을 장식하고 싶다. 야고보가 죽은 후 시신을 장례하려고 준비하다 보니 그의 무릎이 굳어져서 마치 낙타의 무릎과 같이 되어있었다고 한다. 그 후로 야고보는 '낙타무릎' 이라는 별명이 붙어졌다.

기도는 구정물통과 같은 우리의 마음을 정화시켜줄 수 있는 생명의 배수관과도 같다. 옛날 시골에는 구정물통이 있었다. 아무리 더러운 구정물통도 오래두면 깨끗하게 보인다. 그러나 부지깽이로 좌우를 흔들면 구정물통 밑에 가라앉았던 깍두기부터 시작하여 생선머리까지 음식 찌꺼기가 다 올라온다. 냄새는 얼마나 역겨운지 참기 힘들 정도이다. 그렇다 우리의 마음도 이와 같다. 우리 마음에는 의식 세계와 무의식 세계가 있다. 의식의 세계를 이성과 체면으로 관리한다하여 정결한 마음과 깨끗한 마음이 되는 것은 아니다. 내가 알지 못했던 나, 내가 보지 못했던 내가 죄의 근원이 되어 무의식의 세계에 자리잡고 있을 것이다. 이것은 기도를 통해 자신을 내려놓고 고백하고 인정하고 회개할 때 드러날 수 있다. 죄를 이기려면 반드시 마음이 정결해야 한다.

"오호라 나는 곤고한 사람이로다 이 사망의 몸에서 누가 나를 건져내랴"(롬 7:24).

매일같이 내 안에 죄를 누르고, 자르고, 씻어도 죄의 힘은 내 이성과 의지를 꺾어 놓고 올라온다.

우리 집 앞에 대추나무가 있었다. 그의 열매가 얼마나 실하고 단맛을 내는지 모든 교인들의 입과 눈을 즐겁게 했고 지나가는 나그네들에게도 심심치 않는 간식을 제공했다. 그런데 어느 날 그 나무는 잎이 말리면서 열매가 맺혀야 할 때에 맺히지 않고 병이 들고 말았다. 쓸모없다 생각되어 베어보니 그 나무의 속이 비어 구멍이 뚫려 있었다.

마찬가지로 우리가 힘써 죄를 잘라 내고 끊어내려 해도 우리의 속사람이 말씀과 기도로 채워지지 않으면 성령의 열매는 기대할 수가 없다. 죄를 이기는 능력은 오직 십자가의 능력이요 권한이다. 죄에 대한 승리와 정결한 삶은 우리의 힘으로 싸우고 노력으로 되는 것이 아니다. 십자가의 능력만이 해결할 수 있는 것이다.

"내가 그리스도와 함께 십자가에 못 박혔나니 그런즉 이제는 내가 산 것이 아니요 오직 내 안에 그리스도께서 사신 것이라 이제 내가 육체 가운데 사는 것은 나를 사랑하사 나를 위하여 자기 몸을 버리신 하나님의 아들을 믿는 믿음 안에서 사는 것이라"(갈 2:20)

나는 죄인의 몸을 십자가의 못 박히신 예수님의 이름을 주고 새롭게 교환된 몸이다. 용서받은 의인이기에 주신 사명 깊은 우물을 통해 하나님께 영광 돌리고 맑은 영을 유지하기 위해 말씀과 기도로 관리할 것이다. 그리고 더 많은 사람들을 축복하며 살고 싶다.

『영혼을 품은 비전의 사람을 위한 축복문』

사랑하는 영혼을 품은 자여!
네게 줄 수 있는 모든 것 중에
먼저 그리스도를 알고 영생을 얻음으로
사명자로 부름받음을 축복한다

네 인생을 이끌어 줄 어떤 축복보다
먼저 깨끗한 성품 청결한 마음을 키워
수용력 있는 사람, 표정이 살아 있는
사람으로 살기를 축복한다
너를 부유하게 할 모든 축복보다
먼저 사명을 위하여 선한 양심이 빛을 발하되
세상의 흑암을 정복할 힘과
풍성한 믿음의 사람이 되길 축복한다

너를 보호할 모든 축복보다 결혼의 축복으로
경건한 배필, 사명감으로 흔들리지 않는
견고함과 비전의 사람을 만남으로
헌신된 목회가 되길 축복한다
네 짝을 사랑할 때는 약한 부분을 긍휼히 여기며
채워줄 수 있어 하나님의 사랑을 반사하길 축복한다

축복이 근원이신 성부하나님과
축복의 열쇠이신 성자하나님과
축복의 전달자이신 성령님의 이름으로
너의 전인적인 삶을 축복하고 축복한다

2006년 10월 1일 주일 오후에
- 깊은 우물 -

가을은 참으로 신비한 계절입니다. 봄이 계절의 여왕이라면 가을은 계절의 결정체인 것 같습니다. 사람들을 감성적으로 만들어 버리는 묘한 매력이 있습니다. 수없이 많은 단풍 잎새들이 바람에 날려 쏟아져 내리고, 쏟아져 내린 낙엽들이 뒹구는 길을 걸으며 발 끝에 와 닿는 포근함으로 미소지으며 내가 아름다운 계절의 주인공이 되어 세상의 중심에 서 있는 듯한 기분을 만끽해 봅니다.

이 가을이 주는 풍성함만을 받기만 하고 이 모든 것을 허락하신 하나님께 감사함이 없다면 그것은 성숙한 그리스도인의 모습이 아닙니다. 크고 작은 것들, 중요하고 중요하지 않은 것들, 있으나 없으나 드러나지 않는 것들까지도 감안해야 함은 하나님 자녀 된 도리임을 한 순간도 잊지 말아야 합니다.

해마다 찾아오는 가을이지만 나는 올해 가을이 유독 정겹습니다. 8월말 홀연히 하나님 곁으로 가신 엄마의 빈자리가 느껴질 만도 하지만 제게는 쓸쓸함과 허전함을 느낄 겨를도 없이 저에게 큰 기대감으로 소망을 주시고 비전을 주시는 우리 목사님, 사모님이 계셔서 정말 행복합니다.

'목사님, 사모님'이라고 부르지만 나에겐 이미 아버지와 어머니가 되어버린 당신. 나에게 이미 내 삶의 전부가 되어버린 내 목자요 나의 영원한 멘토입니다. 내 어머니의 죽음 앞에서 나보다 더 가슴을 쓸어내리신 당신. 울고 싶어도 나보다 더 슬퍼하시는 당신의 모습을 보며 참을 수 있었습니다. 또한 행여 방심할까 늘 기도로, 말씀으로 인도해 주시는 당신. 작은 성장에도 너무 감격해 하시는 당신의 모습은 또 다른 격려입니다. 훈련의 자리에서 섬김의 자리까지 앉히신 당신의 은혜와 사랑을 제가 사는 동안 얼마나 갚을 수 있을지 생각할수록 가슴이 저려옵니다. 강한 훈련으로 인하여 내 안에 쌓여 있던 상처들로부터 자유함을 얻게 하셨고, 솔직하지 못해 내 자신을 존귀히 여기지 못함도 깨닫게 해 주셨습니다. 늘 깊은 영성과 민감함으로 치리하시고 사랑과 격려로 이끌어 주시는 당신께 저는 사명으로 뛰고 있는 저의 가슴을 드립니다. 이것 가지고도 턱없이 부족하지만 제게 남은 그 무엇이라도 주님과 당신을 위해 드리고 싶습니다.

나는 당신을 보며 가슴과 가슴으로 전해지는 사랑을 배웠습니다. 그 사랑은 인간의 사랑이 아닌 중보자의 길을 가신 주님의 사랑을 닮은 사랑입니다. 식어질 수 없는 사랑, 잊혀질 수 없는 사랑, 조건이 없는 사랑... 이제 나는 당신 곁에서 떨어질 수가 없습니다. 가라하셔도 갈 곳이 없습니다. 내 자리는 당신 곁이라는 믿음 때문입니다. 엘리사가 엘리야 선지자가 세상을 떠나 들려 올라갈 때까지 충성을 다함으로 갑절의 영감을 구하여 받은 것 같이 나도 하나님과 교회와 목회자에게 그러한 충성으로 섬길 것입니다.

충성은 변하지 않습니다. 충성은 떠나지 않습니다. 충성은 끝까지 따르는 것입니다. 언젠가 사람은 사랑의 대상이지 믿음의 대상이 아니라고 말씀하시면서 떠나간 사람을 아쉬워하셨던 당신의 얼굴에서 목회자 마음이 곧 주님의 마음이라는 것을 알았습니다.

　나는 사명을 위해 살 것입니다. 그것만이 당신께 받은 사랑을
또 다시 베풀 수 있는 방법이라 여기기 때문입니다.

당신을 사랑합니다.

- 2007년 늦가을에 믿음의 딸 -

⚜

언제나 내가 찾을 때 그 곳에 계신 분
언제나 그 곳에서 우리를 위해 기도해 주시는 분
참 믿음이 무엇인지 스스로 깨달아 변화될 수 있도록 지도해 주
시는 분
그냥 흐지부지 쓸모없는 인생으로 마감될 수 있었던 나에게 꿈
과 희망과 비전을 알려주신 분
참 소망 가지고 참 사랑 실천할 수 있도록 인도해 주신 분을 맘
다해 사랑합니다
어떠한 선물로도 어떠한 글로도 어떠한 많은 말로도
표현될 수 없을 것 같아요. 이 말 밖에는…
사랑합니다. 아주 많이요

2007. 3. 24

많은 딸 중에 은총을 입은 자 드림

기도는 내 삶의
최우선

나는 거울만큼이나 자주 보는 것이 있다. 바로 탁상용 달력이다. 하루에 수십 번씩은 보는 것 같다. 책상 앞, 화장대 옆, 부엌의 싱크대 앞에 놓인 달력에는 내 삶의 계획과 시간들이 고스란히 담겨 있기 때문이다. 달력으로 보는 시간 안에는 사역의 프로그램과 하루 하루 나의 삶이 들어 있기에 애정어린 눈으로 한 달, 한 주의 시간들을 체크해간다. 한 주 한 주의 각자 다른 기도 제목으로 메우어 가는 나의 시간은 참으로 신기하고 감사할 뿐이다.

무디 목사님은 "만약 당신이 기도할 시간이 없을 정도로 해야 할 일이 많다면 하나님이 당신에게 주시려고 했던 의도보다 더 많은 일을 당신이 하고 있는 것입니다"라고 말한다. 다시 말해서 기도보다 더 소중하고 더 시급한 일은 없다는 뜻이다. 기도의 분량만큼 인생의 폭이 넓고 깊다면 아마도 그는 성인의 삶을 살아가고 있는 사람일 것이다.

기도란 아무 때나 해도 되고 안해도 되는 그런 것이 아니다. 하나님은 기도를 하나님과 인간 관계의 핵심으로 보신다. 물의 넓이만큼 오리가 헤엄치고 활동하듯 성도는 기도하는 폭과 넓이와 깊이만큼 살아가게 된다.

존 웨슬리 목사님의 어머니는 많은 자녀들과 남편의 목회로 인해 매우 분주했다. 가정일과 교회의 대소사로 힘이 다 빠져 지칠 때면 자신의 조그만 집에서 행주치마를 머리에 뒤집어쓰고 앉아서 기도하곤 했다. 아이들은 이 재미있는 어머니의 모습을 결코 훼방하지 않도록 교육을 받았다. 그 때가 어머니의 명상시간이요 하나님과의 대화의 시간이었기 때문이다. 많은 식구들과 좁은 공

간에서 분주한 시간을 효율적으로 기도의 시간으로 우
선시했던 참으로 존경스러운 모습이 아닐 수 없다.

　나의 어머니 김중란 권사님도 이에 못지 않는 기도의
사람이다. 새벽 제단에 가서는 교회와 성도들을 위한 기
도를 하시기에 자녀들을 위해 마음껏 기도하지 못한다
하여 아주 오래전부터 오전 8시를 기도의 시간으로 선
포하시고 그 시간 만큼은 늘 자녀들을 위한 기도를 하신
다. 그 기도는 때와 장소의 구애를 받지 않으신다. 여행
중에도 베란다나 화장실, 옥상이든 조용한 자리를 찾아
그 시간을 기도하는 시간으로 철저히 지키신다.

　예수님도 지상에서 사역하실 때 아버지와의 의사소통
의 수단인 기도를 끊임없이 변함없이 하셨다. 이것은 곧
예수님의 사역이 하나님의 초점에서 벗어나지 않았다는
증거이다. 예수님의 사역은 매우 분주하셨다. 여러 가지
사역으로 인해 기진맥진 되어도 새벽 미명에 일어나 기
도하는 곳을 찾아가셨다.

　나 또한 사역 중에 가장 우선순위를 두는 것이 기도이
다. 기도하는 만큼만 사역하려고 한다. 하나님께서는 기

도를 통하여 목회를 축복하신다는 사실에 대해 나는 생생한 증인이다.

자월도란 섬에서 목회를 할 때이다. 우리 딸 아이가 어렸을 때, 며칠 전부터 시름시름 앓더니 토요일 쯤 되니까 열이 치솟아 오르며 정신을 잃을 정도로 앓고 있었다. 겁이 나고 두려운 마음에 남편과 함께 보건소를 찾았더니 의사 선생님이 깜짝 놀라며 빨리 행정선을 타고 인천에 있는 큰 병원으로 나가야 한다고 말하는 것이 아닌가! 우리 부부에게 화를 내면서 이렇게 될 때까지 방치했다고 호통을 치시며 빨리 서두르라고 했다.

목사님께서는 평소에 주일날 성도들이 출타하는 것을 절대 허용하지 않으셨다. 아파서 죽더라도 주일을 지키면 순교라고 농담반 진담반으로 했던 말들이 갑자기 뇌리를 스쳤다. 어떻게 목회자가 토요일 날 병원 신세를 질 수 있을까 자존심이 상했다. 절대 있을 수 없는 일이였다. 우리 부부는 의사 선생님 앞에서는 알았다고 대답을 했지만 밖으로 나와서 서로 아무 말도 하지 않았다. 하지만 그 침묵 속에서 우리 부부는 같은 생각을 하고 있었음에 틀림없었다.

아픈 아이를 등에 업고 교회로 올라오는데 나의 마음에서는 목자의 마음과 어미의 마음이 교차되며 하염없는 눈물이 쏟아졌다. 나의 슬픔을 부축이듯 석양이 지는 노을 속에서 눈물을 훔치며 교회 중턱 쯤 올라왔는데 이상한 느낌이 들면서 내 눈에 눈물이 갑자기 멈추는 것이 아닌가! 그 때 나에게는 이런 음성이 들렸다.

"네 등의 아이를 확인해라!"

이상했다.

"여보! 영화 좀 살펴보세요"

"어머, 열이 내렸어"

땀으로 범벅이던 딸 아이는 곤히 잠이 들었지만 그 높던 열은 씻은 듯이 내려갔다. 내 인생의 최고 고비의 결단의 시간을 내 어찌 잊을 수 있겠는가? 어미의 심정으로 아픈 가슴과 목회자로서의 갈등했던 그 순간 우리 부부는 서로 말은 안했어도 자녀는 주님께 맡기고 주일을 택했던 것이었다.

"죽고자 하는 자는 살고 살고자 하는 자는 죽는다"

이 일이 있은 후 지도자로서 자신감이 백배 더 해졌다.
사명 우선, 기도 우선 순위로 내 인생의 프로그램을 짠
다면 그 인생의 책임은 만군의 여호와 하나님이 지시는
것이다. 내가 내 인생을 책임지는 것보다 창조주요 주관
자이신 하나님이 책임져 주는 인생과는 비교할 수 없기
때문이다. 나는 감사한다. 내 인생과 사명을 기도란 벽
돌로 쌓아갈 수 있다는 것이 얼마나 축복인지 모른다.
내 인생의 마스터키 기도가 있어 하늘의 보물창고가 내
것이 된 것 같다. 필요하면 구하면 된다. 내가 구했을
때 "아니다", "기다려라", "글쎄?" 라는 응답이 와도 괜
찮다. 주님 것이 모두 내 것이니까. 주님이 또한 거절하
셨다고 상처받지 않는다. 오히려 나에게 해가 될까봐 거
절하셨을 테니까 말이다. 기다리라 했다고 짜증내지도
않을 것이다. 나에게 더욱 오래 참음의 훈련을 하시는
것일 테니까.

나의 기도는 하나님의 도구를 만들기 위한 기도이다.
하나님을 위해 해야 할 일이 분명 있기 때문이다.

"사랑하는 종아! 내가 세상을 사랑한다고 전해다오"

"주님! 제가 하지요"

그 분의 사랑을 이 작은 입으로 어떻게 전할까가 내 고민이고 숙제이기에 기도라는 완전정복을 사용하는 것이다. 그 안에 모든 해답이 들어있기 때문이다. 나의 헌신은 오직 기도뿐이다. 기도는 섬김이며 기도는 사랑이다. 기도하게 되면 헌신과 섬김과 사랑의 원초적인 힘이 솟아나기 때문이다. 기도는 인생의 허기진 미래를 채워준다. 비전을 움켜쥔다고 이루어지는 것이 아니다. 비전이 두려움이나 막연함으로 가득 차 있다면 잡을 수 없는 뜬구름에 불과하다. 하지만 비전을 놓고 기도하면 그 소원이 하나님께 상달될 때 자신과 환경과 시간을 조절하시는 하나님께서 조율해 가시는 것을 느끼게 될 것이다.

또한 기도는 내세(죽음)에 대한 허기를 채워준다. 태어난 신생아의 두려움도 죄의 씨앗이요 그 죄의 열매는 죽음이다. 하지만 영생을 얻는 자는 죽음이 아닌 새로운 관문이 준비되어 있기에 죽음에 대한 허기가 채워지게 된다. 기도는 사랑에 대한 허기도 채워준다. 깊은 기도는 하나님의 사랑을 체험하게 하기 때문이다. 그 사랑은 내 영혼과 혼과 육체를 윤택하게 만들어 준다. 기도를 통해 육체의 이미지도 변화시키고 정신적 세계는 풍부한 감성으로 바꿔주며 우리의 영혼은 하나님의 신령한 은혜로 덧입게 된다. 그 무엇으로도 침범당하지 않게 말이다. 기도할 때 빈 둥지가 채워지고 부식된 우리의 상처들이 치료되기 때문에 만족하게 되는 것이다. 사람은 만족하면 죄를 짓지 않게 된다. 죄의 근본은 탐욕이기 때문이다.

우리의 사역도 기도가 우선순위가 되어야 한다. 기도를 통해서 일하시는 하나님이시기 때문이다. 여호수아는 한 순간의 기도로 태양을 멎게 하였지만 오랜 세월동안 기도로 하나님과 관계를 맺은 사람이다. 하나님은 기도로 준비된 자를 사용하신다. 기도의 세계가 준비된 사람을 찾으신다. 우리는 하나님이 원하시는 기도, 기뻐하시는 기도를 드림으로 하나님이 우리를 기다리게끔 해야 한다.

먼 타국에 유학 중인 자녀가 쓸데없이 국제전화를 남

발한다든지 전화만 하면 돈 보내달라고 투정하고 요구만 한다면 부모님은 그 자녀에게 전화오는 것을 두려워할 것이다. 우리가 성숙했다면 이제 알맹이 없는 기도는 철회해야 한다. 바꿀 수 없는 것, 내 필요를 위해 찾고 있는 것에는 응답이 없을 뿐 아니라 그 기도 때문에 관계가 멀어질 수도 있다.

변화하는 것에 자신은 책임지지 않겠다고 하는 것은 알맹이 없는 기도이다. 사과나무 밑에 누워서 입 벌리고 배부르겠다는 심사다. 내가 해야 할 일은 내가 하고 주님께 간구해야 한다. 자기 생각에 틀에 갇혀 하나님의 높은 뜻을 충분히 보지 못하고 하나님의 생각에 어긋난 기도는 알맹이 없는 기도이다. 알맹이 없는 기도를 하는 사람은 믿음은 있으나 생명이 싹이 나지 않고 싹이 날지라도 열매까지 성장시키지 못하는 신앙인이다.

그들의 교묘함은 말씀을 이기적인 쪽으로 합리화시키고 간교함까지 있어 하나님과 자신을 기만하는 태도를 보인다. 하나님은 진정한 기도를 원하신다. 반드시 기도의 문을 열었으면 회개의 현관을 거쳐 발을 씻은 후 하나님을 위한 중보기도를 해야 할 것이다. 진정한 기도의 응답은 마음의 평온함과 함께 성품의 변화를 가져온다. 감화력 있는 기도를 드리자. 예수님의 기도문은 감화력 있는 기도였다는 것을 명심하길 바란다.

"하늘에 계신 우리 아버지여, 이름이 거룩히 여김을 받으시오며, 나라이 임하옵시며, 뜻이 하늘에서 이룬 것 같이 땅에서도 이루어지이다. 오늘날 우리에게 일용할 양식을 주옵시고, 우리가 우리에게 죄 지은 자를 사하여 준 것같이 우리 죄를 사하여 주옵시고, 우리를 시험에 들게 하지 마옵시고, 다만 악에서 구하옵소서. 대게 나라와 권세와 영광이 아버지께 영원히 있사옵나이다 아멘"

예수님의 제자들은 주님의 기도를 배우길 원했다.

"주여! 우리에게도 기도를 가르쳐 주옵소서"

기도를 가르쳐 달라고 주님께 나아오는 제자들의 모습 속에서 우리는 예수님의 기도가 얼마나 감화력이 있었는지를 알게 된다. 그 당시 제자들이 기도할 줄을 몰라 기도 배우기를 원한 것이 아니다. 아름다운 예수님의 기도 모습 때문이었다. 감화력 있는 기도가 하나님의 마음을 감탄케 하였던 것이다.

"이는 내 사랑하는 자요 내 기뻐하는 자로다"

감화력이 있는 기도는 가장 위대한 기도이다. 즉 하나님을 경배하는 기도이다. 간청, 간구, 소원 여러 가지 기도가 있지만 가장 수준 있는 기도는 경배의 기도이다.

"하나님 사랑합니다", "예수님의 은혜에 감사합니다" 만족하고 자족하는 기도, 지금 이 순간을 감사하는 기도는 경배의 기도이며 그런 기도는 하나님께 감화력을 주는 기도가 된다.

다니엘과 세 친구 역시 감화력 있는 기도를 드렸다.

"그리 아니하실지라도"

풀무불 속에 들어가서 죽는 것이 하나님의 뜻일지라도 하나님 외의 것에 절대 굴복하지 않는 절대 절명의 기도는 저들을 구원할 뿐만 아니라 주변의 모든 사람에게도 감동을 주고 살리는 역사를 일으켰다. 하박국 역시 "비록 무화가 나무가 무성치 못하고 포도나무에 열매가 없으며 감람나무에 소출이 없으며 밭에 식물이 없으며 우리에 양이 없으며 외양간에 소가 없을지라도 나는 여호

와를 인하여 즐거워하며 나의 구원의 하나님을 인하여 기뻐하리로다"(합 3:17-18)

이 또한 감화력 있는 기도였다.

나는 고독한 기도를 통해서 주님으로부터 많은 감동을 받는다. 고독이란 하나님 한 분 만을 위한 시간과 장소에서 시작된다. 내가 유일하게 즐기는 장소가 있다. 바로 대중 목욕탕이다. 언제부터인가 목욕탕에 가면 고독한 기도의 채널이 열리기 시작한다. 나는 이 시간과 장소를 즐긴다. 다양한 사람들 속에서 나 혼자 주님을 초대하고 어떤 때는 감격의 눈물도 흘리고 혼자 미소를 짓기도 한다. 이렇게 여유를 갖고 주님을 만날 수 있음에 또 감격하여 눈물을 흘리고 그 눈물을 샤워기로 씻어낸다.

나는 바다가 좋다. 산보다 바다를 무척이나 좋아했다. 그런데 이젠 점점 산도 좋아지는 것을 보니 지식과 어진 마음이 겸비되나 싶다. 산을 좋아하면 어진 사람이요 바다를 좋아하면 지적인 사람이라고 하니 말이다. 섬에 살기에 매일 보는 바다지만 또 매일 새롭다. 바다를 보면 하나님 사랑과 같다는 생각이 든다. 썰물 때의 바다의 황폐함은 너무도 보잘 것 없지만 밀물이 되면 온 상처와 울퉁불퉁 모난 모든 것들을 덮고 갖가지 고기 떼와 깊은 수심으로 아름다운 수평선을 만든다. 기도 또한 일종의 바다와 같다. 기도의 드넓은 바다에서 하나님의 사랑을 체험하게 되기 때문이다.

하나님은 우리가 언제까지나 길가에서 소꿉장난이나 하는 어린이와 같은 신앙에 머물기를 원하지 않으신다. 오히려 기도의 바다 한 가운데로 나오기를 원하신다. 그 기도의 배를 항진하며 세상에 거친 폭풍을 명하여 잔잔하게 다스리기를 원하신다. 기도의 사람, 기도는 환경을 바꾸며 우리의 영혼과 육체의 얽매인 죄악의 사슬을 끊고 장엄한 항해를 하길 원하신다.

기도를 위한 삶의 시간들을 설정하라. 삶의 최우선 순위가 기도가 되도록 해라. 특별히 하루의 첫 시간 새벽 기도는 당신 삶의 최우선 순위가 되어야 한다.

"결단은 시작이요 인내는 전진이다"

내 인생의
해피라이프

    좋은 차를 타고 좋은 집에서 좋은 것을 먹고 누리고 살아도 왜 이 땅에 보냄을 받았는지, 무엇을 위해 어떻게 살아야 하는지를 모른다면 불행한 인생이다. 인생은 사랑하고 사랑받기 위해 있다. 하나님의 창조목적은 인간을 이용하거나 당신의 종으로 쓰기 위해 만든 것은 아니다. 오직 사랑의 대상으로 우리를 만드셨다. 곧 사람에게 하나님이 원하시는 궁극적인 목적은 우리가 행복하길 바라시는 것이다. 하지만 그 행복이 어디서 어떻게 오느냐는 인생의 질을 보여주는 예가 될 것이다. 자신의

창조목적을 회복해 갈 때 행복하고 다른 사람에게 없어
서는 안될 만큼 필요한 사람이 될 때 정말 행복함을 느
끼게 된다. 도종환님의 시는 그런 나의 바람이 잘 드러
나 있는 것 같다.

그랬으면 좋겠습니다

-도종환-

말없이 마음이 통하고
그래서 말없이 서로의 일을 챙겨서 도와주고
그래서 늘 서로 고맙게 생각하고
그런 사이였으면 좋겠습니다

방풍림처럼 바람을 막아주지만
바람을 막아주고는 그 자리에
늘 그대로 서 있는 나무처럼

그대와 나도
그렇게 있으면 좋겠습니다

물이 맑아서
산 그림자를 깊게 안고 있고
산이 높아서
물을 늘 깊고 푸르게 만들듯이
그렇게 함께 있으면 좋겠습니다

산과 물이 억지로 섞여 있으려 하지 않고
산은 산대로 있고
물은 물대로 거기 있지만

그래서
서로 아름다운 풍경이 되듯이
그렇게 있을 수 있다면 좋겠습니다

　　인간의 반은 짐승같고 인간의 반은 천사같다는 말도
있다. 아담의 DNA가 원초적 상처가 되어 육체의 일부
분이 되었기에 우리 안에는 짐승같은 모습도 있다. 하지
만 소망이 있음은 내 안에 예수님의 생명이 있지 않는
가? 그 생명이 하나님의 형상을 회복해 갈 수 있는 구속
의 은혜인 것이다. 우리 안에 하나님의 DNA를 성장시
킬 때 천사보다 더 귀한 존재로 성화될 것이다.

　성장은 정상을 향해 올라가는 등산과 같다. 예수를 믿음으로 반드시 얻게 되는 은혜는 죄사함이다. 반드시 그리스도의 보혈로 죄사함을 받아야 하나님과 평화의 관계가 되고 자녀로서의 올바른 관계가 된다. 그 단계가 있은 후 성장의 단계로 들어가며 반드시 통과해야 할 영적 성숙의 관문이 있다. 사람이 제일 행복지수가 높을 때는 자신의 성장을 바라보고 느낄 때라고 한다. 우리는 영적으로 거듭났고 다시 태어났다. 그 단계를 인간의 성장 과정과 비교해 볼 수 있다.

　먼저 아기의 단계이다. 세상에 태어난 아기가 엄마의 탯줄을 끊는 것처럼 영적으로 거듭났다면(Born again) 세상줄을 끊어야 한다. 아이의 단계에서는 하나님이 나의 아버지임을 깨달아야 한다.

　"너희는 다시 무서워하는 종의 영을 받지 아니하였고 양자의 영을 받았으므로 아바 아버지라 부르짖느니라"(롬 8:15)

　우주적인 하나님, 피상적인 하나님은 나의 인생을 책임져 주지 않는다. 내 하나님 아버지이어야 인생을 책임져 주신다. 두렵지 않다. 미래의 대한 염려도 없다. 왜냐하면 하나님이 나의 아버지이시기 때문이다.

다음은 청년의 단계이다. 청년 시절의 삶이 인생에 얼마나 중요한지는 모두가 잘 알 것이다. 청년은 힘이 있다. 강하다. 꿈과 비전을 이루는 완전한 출발선에 있다. 되어져가는 사람인지 머무는 사람인지 싹이 보이기 시작하는 단계이다. 되어져가는 사람이라면 인생의 분명한 목표가 있다. 강한 신념(의지)가 있다. 하나님의 의가 있고 거룩한 의분도 갖고 있다. 중요한 것은 거룩한 분노인가, 상처로 인한 분노인가이다. 상처로 인한 분노는 자신의 내면의 상처를 건드릴 때 분을 터뜨린다. 하지만 거룩한 분노는 하나님의 체면이 손상됐을 때 하나님의 자존심이 손상됐을 때 하나님의 영광이 짓밟혔을 때 담대하게 대항한다.

예수 믿고 거듭나면 완전해지는 것이 아니라 계란을 깨고 병아리가 되는 것이다. 심리학자 에릭슨은 인간의 성숙도를 하나님에 대한 기본적 신뢰감부터 시작된다고 말한다. 심리적 산소를 먹고 자라는데 그 심리적 산소가 창조주에 대한 절대 신뢰와 믿음이라는 것이다. 이렇게 하나님과 관계형성이 될 때 자율적인 태도, 독립적인 사람이 된다. 의존적인 사람은 정상적으로 성장할 수 없는 죄로 인한 원초적 상처와 샴 쌍둥이로 붙어 있어 건강하게 성장하기가 어렵다. 분리되지 않았다는 증거는 늘 수치심으로 소극적이고 두려워하며 끌려다니는 사람이다.

그러나 죄와 분리된 사람, 자율적인 사람은 적극적이고 미지의 세계까지 침노하는 생동감 있는 사람이다. 이런 라이프 스타일이라면 어찌 행복한 삶이 펼쳐지지 않겠는가? 또한 적극적이지만 성실함을 겸비한다. 작은 것에 대한 소중함을 아는 것이 성실의 첫 걸음이다. "내 손에 가진 것이 무엇이냐?" 내가 할 수 있는 것부터 최선을 다할 때 행복의 성은 건축되어져 간다. 이렇게 내면의 성장이 견고하게 기초될 때 본격적인 성장의 궤도를 걷게 된다.

우리는 "나는 누구인가?" 하는 정체감의 질문에 대답할 수 있어야 한다. 나는 하나님의 유업을 승계받은 축복의 자녀이다. 천국의 유업을 받기 위해서는 이 땅에서 감당해야 할 사명이 있다. 그래서 나는 사명자이다. 이렇게 우리는 자신의 대한 선언문이 필요하다. 소속감과 정체감은 이 땅에서 어떠한 상황에도 인생의 길을 흔들어 놓지 못한다. 어디서부터 와서 어떻게 살다가 어디로 가야할지를 알기 때문이다.

내가 행복한 이유가 여기에 있다. 무의미한 인생이 아닌 분명 목표가 있어 내가 감당해야 할 몫이 이 세상에 남아 있다는 것 그래서 나는 이 세상에 꼭 필요한 사람이라는 것이다. 사명으로 살아가는 사람은 자신의 죄를 해결할 줄 아는 사람이다. 우리의 죄 중에 자범죄를 해결하는 방법은 은혜를 풍성하게 받아들이는 것이다. 자신의 장점이나 단점 처리를 세련되게 한다. 단점은 죄가 아니고 자신의 한계임을 인정하고 하나님께 도움을 구하고 성령님의 도움을 받으면 된다. 자신의 단점을 보완해줄 협력자를 찾음으로 독불장군이 아닌 파트너쉽을 강하게 갖을 수 있다. 장점을 활용하는데도 얼마나 멋진 태도를 갖고 있는지 하나님과 사람에게 감동을 준다. 나의 장점은 결코 자랑거리가 아님을 선언한다. 다만 하나

님께서 주신 은사와 선물임을 고백하며 자신만의 유일
한 색깔임을 알아 필요한 모든 사람들에게 조화를 이루
어낸다.

　다른 사람과 조화를 이룰 때 느끼는 행복의 맛을 알기
에 네가 있어 감사하고 당신이 있음으로 더욱 행복하다
는 고백을 하게 된다. 그리고 우리의 서로 다름은 틀린
것이 아님을 아는 것이 성숙한 사람이다. 누가 뭐라해도
내가 행복한 이유는 사명이 있기 때문이다. 이 사명을
감당한 후 돌아갈 천국이 있음은 나로 하여금 더 사명에
매진하게 한다. 분명한 사실은 성장의 깊이가 더 성숙되
어감으로 행복의 지수도 올라간다는 사실이다. 친밀함
은 심도 깊은 성숙이다. 사랑할 줄 모르고 사랑받을 줄
모르는 사람은 어림없는 단계이다. 사람이 살아가는데
있어 진짜 메인 요리는 사랑이다. 하나님의 창조목적 역
시 사람과의 사랑의 친밀함을 누리기 위함이시다. 하지
만 하나님의 사랑을 왜곡시켜 사랑을 받을 줄 몰랐던 사
람이 그 환상을 깨뜨렸고 하나님은 독생자를 주심으로
재시도를 하신 것이다. 친밀함은 자신을 내어줄 줄 아는

사랑이다. 이기심을 배제하고 상대의 필요에 민감하여 내게 있는 것으로 아낌없이 섬기는 것이다.

사랑이란 삶을 움직여 나가는 강력한 힘이다. 사랑을 베풀고 사랑에 반응할 수 있는 능력은 사람이 받은 가장 위대한 선물이다. 많은 사람들이 자신들이 사랑을 거부한 것에 대한 책임을 전혀 느끼지 못한 채 살아간다. 당신이 거부한 사랑 때문에 누군가가 상처를 받았을지 모른다는 것이다.

나를 진정 행복하게 하는 또 다른 이유는 다른 사람을 위해 죽어 줄 수 있는 사랑이 내 안에 있기 때문이다. 사명자의 최고의 보람이요 능력이라면 다른 사람을 케어할 수 있다는 것이다. 사역의 열매 차이는 집중의 차이요 사고의 차이이다. 성공을 위해 사명을 받은 것이 아니다. 충성을 위해서 부름을 받았다. 이 진리를 인식하지 않기에 많은 지도자들이 하나님의 의도에서 벗어나 혼란을 야기시킨다. 목회자는 설교를 만들기 위해 부름 받은 것이 아니다. 온전한 성도를 만들기 위해 부름받은 것이다.

"내 양을 치라"

케어하는 리더는 성도를 올바른 길로 인도하는데 있어 아픔도 감수해야 하며 거룩한 부담도 느껴야 한다. 남들보다 더 많은 것을 영적으로 소유해야 한다. 풍성함, 민감함, 넉넉함, 만족함으로 영혼을 시원케 할 수 있어야 한다.

"여호와는 나의 목자시니 내게 부족함이 없으리로다 그가 나를 푸른 초장에 누이시며 쉴만한 물가으로 인도하시는도다 내 영혼을 소생시키시고 자기 이름을 위하여 의의 길로 인도하시는도다 내가 사망의 음침한 골짜기로 다닐찌라도 해를 두려워하지 않을 것은 주께서 나와 함께 하심이라 주의 지팡이와 막대기가 나를 안위하시나이다   주께서 내 원수의 목전에서 내게 상을 베푸시고 기름으로 내 머리에 바르셨으니 내 잔이 넘치나이다" (시편 23편)

성도들을 푸른 초장과 쉴만한 물가로 인도할 수 있는 힘 즉 파워가 있어야 한다. 양같은 성도만 있는 것이 아니다. 염소같은 성도는 지도자의 부드럽고도 강한 힘,

영적 파워가 절대 필요하다. 물론 장소의 의미가 아닌 상태의 의미를 담고 있다. 맡겨주신 성도들에게 평안과 만족 그리고 행복까지 책임질 수 있어야 한다. 건전한 자아상을 심어주고 자신만의 능력에 대한 자신감도 심어주어 자기 존재를 소생시켜주어야 한다. 그래서 의의 길로 꿋꿋하게 갈 수 있도록 그들의 좋은 인도자가 될 때 돌봄을 통해 얻어지는 성취감과 행복은 천하를 얻는 기쁨과 비교할 수 없게 된다. 돌볼 수 있는 사명을 주신 하나님과 돌볼 수 있는 사역장이 있어 나는 오늘도 너무 행복하다.

인간은 아니 하나님의 백성은 '되어감'의 존재이다. 완벽한 것이 성도는 아닌 것 같다. 바울의 고백처럼 "내가 이미 얻었다 함도 아니요 온전히 이루었다 함도 아니라 오직 내가 그리스도 예수께 잡힌바 된 그것을 잡으려고 좇아가노라"(빌 3:12) 완전함 때문이 아닌 되어감의 법칙으로 자신과 오늘에 만족하는 삶을 통전이라고 한다. 삶을 후회하지 않고 감사로 응답하는 삶이다. 최선을 다했기에 감사하고 주신 은혜에 만족하기에 감사하다. 또한 나와 동행하시어 내일도 보장해 주실 줄 믿기에 감사하고 결과에 연연하지 않기에 감사하다. 하나님의 사람으로 되어가는 사람의 일상적인 삶은 성실 자체이다. 그들의 라이프 철학은 '어제는 역사요 내일은 신비요 오늘은 선물이다' 성공적인 삶을 추구하는 것이 아니라 삶의 의미 찾기로 삶의 질을 바꾸는 사람들이다.

심리학자 칼 융은 자아 실현이란 내면의 갈등을 수용하고 이해하며 치료할 수 있는 그림자와의 통합을 의미한다고 말한다. 어두움의 지배를 받는 것이 아니라 다스리고 위로하는 것이다. 내적으로나 외적으로 갈등을 성장 기회로 만들 수 있는 사람은 성숙의 높은 고지에 서 있다고 볼 수 있다. 권위에 도전하고 하나님의 진리에 불순종하는 백성들을 가나안으로 인도하는 모세의 모습이 모델이 될 때가 많다. 백성들 앞에서는 하나님의 마음을 강력하게 대변하지만 하나님 앞에서는 백성의 아픔과 죄까지 중보하는 참 지도자의 모습이 부럽기만 하다.

하나님의 부르심에 기피하고 자기 갈 길로 가는 기피형의 사람들을 위해서 모세라면 어떻게 했을까? 예수님이라면 어떻게 했을까?

또한 지배형의 사람들은 어떻게 관리할 것인가? 그들은 다른 사람의 바운더리를 존중하지 않는다. 공격적인 지배형과 교묘한 지배형이 있다. 공격적인 지배형은 지도자의 권위를 인정하지 않을 뿐 아니라 도전적이다. 아론과 미리암처럼 말이다. 자신의 가치가 인정되지 않으면 상황에 반항한다. 모든 일에 자신이 주도적이어야 한다. 교묘한 지배형은 말씀을 거부한다. 진리가 선포된다 해도 마음을 자신의 생각의 틀에 꼭꼭 묶어둔다. 웃으면서 뒤통수친다. 할 일을 다하면서 불평한다. 다른 사람을 통해 교란작전을 펴기도 한다. 꼭 뱀과 같은 유형이다. 가만히 있다가 결정적일 때 고개를 들어 독을 품어낸다.

내가 당신을 사랑하는 데는 특별한 이유가 있는 것 같지 않습니다.
모든 것으로부터 완전하지도 않고 장점보다 단점이 많은 당신을 …
내가 당신을 사랑하는 데는 특별한 섭리가 있는 것 같습니다.

그렇다고 당신의 결점까지 사랑한다는 말을 하려는 것은 아닙니다.
때로는 당신을 마음 속에서 지워버리려고 노력한 적도 있습니다.
그러나 그 기도를 할 때마다 당신의 명암을 내미시는 주님의 손을
밀쳐낼 힘이 나에게는 없기 때문입니다.
그럼에도 쉽게 당신의 모든 것을 사랑한다는 말을 할 수 없는 내가
부끄럽습니다.
당신이 꼭 아름답기 때문에 사랑하는 것은 아닙니다.
모든 것으로부터 완전하기 때문에 사랑하는 것은 아닙니다.
어쩌면 당신은 장점보다 단점이 두드러진 사람입니다.
그렇다고 당신의 장점까지 인정하지 않겠다는 것은 아닙니다.
어쩌다보니 당신을 사랑하게 된 것도 아닙니다.
고통과 갈등과 번민 속에서 사랑을 선택하게 된 것입니다.
당신을 사랑하지 않겠다고 선언하고 이야기하고 싶을 때도 있습니다.
그럼에도 쉽게 당신을 포기할 수가 없습니다.
사랑할 수밖에 없는 이유는 당신이 더 잘 알고 있기 때문입니다.
누구보다 나 스스로를 사랑하기 때문입니다.
당신을 향한 사랑이 파괴될 때 내 안에 거룩한 성벽이 무너지기
때문입니다.
당신을 향한 그 사랑은 결국 나를 위한 것입니다.
당신을 미워할 때 힘들던 내 마음을 위로하기 위함입니다.
 그러나 그 사랑을 하기에는 내가 너무 아픕니다.

고갈된 감정의 사람은 마음이 경직되고 다른 사람이 보살피는 것을 받아들이지 못할 뿐 아니라 보살피는 일을 생각할 수도 없다. 즉 둔감형의 사람이다. 다른 이들의 어려움이나 도움에 전혀 귀를 기울이지 않는다. 사랑해야 하는 책임감 뿐 아니라 받고자 하는 마음까지 준비되어 있지 않다. 핍절의식으로 굳어져 있어 가난의식에 찌들어 있다. 모든 치료는 자신의 병을 인정하고 도움을 청할 때 시작된다. 변화와 성숙은 자신의 부족함과 미숙함을 인정할 때 반은 치료된 것이다. 가난의식을 버릴 수 있는 유일한 것은 복음뿐이다. 복음은 우리의 핍절을 풍성으로 바꾸어 주기 때문이다. 이 땅에 만물의 영장인 사람이 다른 사람에게 줄 것이 없어 주지 못할 만큼 가난한 사람은 없다. 미소를 줄 수 있고 손을 잡아 줄 수 있고 함께 있어 줄 수 있다. 사랑스럽게 이름을 불러줄 수 있다. 가정을 사랑했더니 가정으로부터 행복을 얻는다. 자식을 사랑했더니 자식으로부터 행복을 얻는다. 성도들을 돌보았더니 성도들로부터 엄청난 행복을 얻는다. 자신을 인정하고 존중했더니 샘솟는 기쁨으로 행복의 버팀목이 되어준다. 사명을 위해 생명을 투자했더니 깊은 사랑을 선물로 받았다.

당신이 자신을 사랑하는 것보다 나는 당신을 더 사랑했지.
평범한 당신 안에 잠자고 있는 거인을 깨우지 못하는 당신을 위해 나는 새벽마다 기상 나팔을 불고 있지.
물론 당신 안에 희망을 볼 수 있음은 나의 시력이 아님을 고백할꺼야.
깊은 곳을 통찰하시는 그 분의 민감한 영력을 빌렸을 뿐이야.
당신이 평범한 사람으로 남겨지지 않기 위하여 댓가를 치루어야 할 내 몫이 있다면 그것은 오직 기도. 나는 그것을 행하고 있기 때문에 당신보다 당신을 더 사랑하는 사람이야.
당신이 당신을 제대로 사랑할 때까지 주파수는 계속될 것임을 약속할께요.

〈이 글은 훈련 중인 성도들을 위한 글이었다.〉

라인홀드 니버의 기도문을 보면,
"하나님이여! 내가 변화시킬 수 없는 일에 대해서는 그것을 받아들일 수 있는 평정을 주시고 내 힘으로 고칠 수 있는 일에 대해서는 고칠 수 있는 용기를 주소서. 그리고 그 두가지 차이를 깨달아 알 수 있는 지혜를 주소서”

훈련의 아픔보다 성장해가는 기쁨을 느낀다면 당신은
성숙의 단계에 입문한 것이다. 끝으로 내가 행복한 삶을
살 수 밖에 없는 사랑하는 성도들의 편지를 실어본다.

1년동안 많은 사람들의 생일을 축하해주지만 목사님, 사모님이
태어나신 날은 나와 모든 성도들에게 큰 감사의 조건입니다.
태어나 주셔서 감사하고요, 건강히 지금까지 계셔서 감사하고요,
성도가 아닌 목사님, 사모님이 되어 주셔서 감사하고요, 그것도
선한 목자가 되어 주셔서 감사하고요, 우리 교회에서 사역하심을
감사하고요, 영적인 부모님이 되어 주셔서 감사하고요, 눈물로
기도해 주셔서 감사하고요, 무엇보다도 지금 우리 옆에 계신 것
만으로도 감사하고 힘이 됩니다.

-2007. 4. 12 못난이 딸이 사랑을 듬뿍 담아-

캄캄한 굴 솟에 있던 나늘 빛으로 인도하신 나의 영적 부모님
병아리가 부하하기 위해서 딱딱한 건질을 벗는것 처럼 저에게도
모든 허물을 벗거주심 감사합니다.
주님은 저에게 분명히 말씀하십니다.

내 목자에게 모든 초점을 마추고 쓸시기에 필요한 도구가 되것을
이제는 네 마음 속 깊은 곳에 있는 것을 입술로 고백하고
시인할 수 있는 사랑 믿음과 용기를 주심 도한 감사합니다.
정말 제송하고 또한 감사해습니다.
너무나 많이 사랑하는 내 엄마 많이 사랑합니다.

캄캄한 굴 속에 있던 나를 빛으로 인도하신 나의 영적 부모님
병아리가 부화하기 위해서 딱딱한 껍질을 벗는 것처럼 저에게도
모든 허물을 벗겨 주심을 감사합니다.
주님은 저에게 분명히 말씀하십니다.
내 목자에게 모든 초점을 맞추고 쓰시기에 필요한 도구가 될 것
을 말입니다.
이제는 네 마음 속 깊은 곳에 있는 것을 입술로 고백하고 시인할
수 있는 사랑, 믿음과 용기를 주심 또한 감사합니다.
정말 죄송하고 또한 감사합니다.
너무나 많이 사랑하는 내 엄마, 많이 사랑합니다.

〈이 글은 50살이 훌쩍 넘은 어느 권사님이 도화지를 잘라

삐뚤어진 글씨지만 나에게 보내온 편지를 그대로 옮긴 것이다〉

깨진 질그릇이 하나님의 작품으로

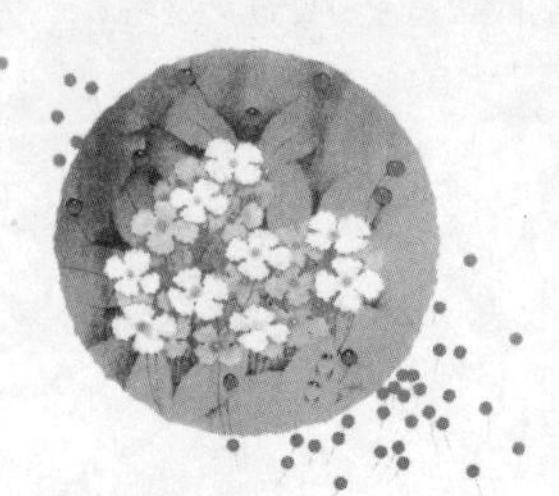

"큰 집에는 금과 은의 그릇이 있을 뿐 아니요 나무와 질그릇도 있어 귀히 쓰는 것도 있고 천히 쓰는 것도 있나니 그러므로 누구든지 이런 것에서 자기를 깨끗하게 하면 귀히 쓰는 그릇이 되어 거룩하고 주인의 쓰심에 합당하며 모든 선한 일에 예비함이 되리라"(딤후 2:20-21)

외로워서 먹는 밥은 아무리 먹어도 돌아서면 허기진다. 인생이 권태로워서 자는 잠은 아무리 많이 자도 잠이 잠을 부를 뿐이다. 슬픔에 겨워 우는 울음은 아무리 많이 울어도 더욱 슬픔을 몰고 온다. 그러나 외로워서 먹는 밥이 아니라 인생의 에너지를 공급받기 위한 힘의 도구로 여긴다면 그 밥이 얼마나 감사하겠는가? 삶이 권태로워서 시간을 흘러 보내기 위한 잠이 아니라 새 날을 기대하는 마음과 어제의 아픔에서 희망의 날로 바꾸기 위한 쉼이라면 새벽이 기다려질 것이다. 또한 나의 눈물이 슬픔이 담긴 눈물보다 기쁘고 감사하여 흘리는 눈물이라면 그 눈물은 나의 영혼을 세수시키는 눈물이 될 것이다.

두 가지 유형의 사람이 있다고 한다. 하나는 똥개형이고, 다른 하나는 진돗개형이다. 똥개형은 지극히 본능적이고 자기 정체감이 없다. 하지만 진돗개형은 책임과 의무감이 뛰어나다. 그래서 주인을 향한 사명감이 투철하다. 사명을 위해 살고 사명을 위해 죽는다.

나는 앞에서 말했듯이 30대 초반에 나의 꿈을 다 이룬 사람이다. 결혼하였고 사모가 되었고 엄마가 되었다. 하지만 꿈을 이루었다고 끝난 것이 아니다. 현실로 이루어진 꿈의 그 열매로 어떻게 인생을 요리하여 맛을 내는 삶을 살 것인가 하는 것이 요즘 나의 인생의 과제이다. 물론 첫째는 하나님께 영광이 되어야 하고 둘째는 내 자신이 행복해야 하며 셋째는 더불어 살아가야 할 이웃들에게 빛과 소금의 역할을 해 주고 싶다.

사실 난 40대를 너무도 기다렸다. 그것은 40대란 불혹의 나이가 나에게 원숙함과 삶의 가치, 인생에 있어서 맛을 내어 줄 것 같은 기대감 때문이였다. 40대가 되었다고 환경이 달라졌다거나 내 삶에 큰 변화가 일어난 것은 아니다. 하지만 세상을 바라보는 눈과 내면 세계의 안정감, 신뢰감, 여유로움 등이 편안하고 권위있는 안전 의자가 되어 내 삶을 빛나게 해 주는 것 같다. 이젠 40대의 후반기를 지나 50을 바라보고 있다. 40대를 기대감으로 기다렸다면 50대는 잘 익은 열매로 잘 차려진 밥상을 누구와 어떻게 어떤 용도로 섬겨야 할까라는 부담감으로 기다리게 되는 것 같다. 그리고 앞으로 올 50대를 향하여 당찬 결심을 하게 된다.

지금까지 기다려주시고 치료해주시고 비전으로 하루

하루 훈련하게 하신 하나님께 인생의 결정적 삶으로 영광을 돌리고 싶다. 인간에게 있어서 결정적 시기는 어린 시절 특히 유아기 때라고 하지만 나는 내 삶의 결정적 시기를 내가 충분히 성숙되고 성장된 50대로 삼고 싶다. 똥개처럼 버려지고 평범하게 인생을 살 수도 있었지만 내 인생의 컨셉을 바꾸어 주신 하나님께 "나는 진돗개가 되렵니다"라고 고백해 본다. 사명을 위해 훈련이 잘 된 충견 진돗개처럼 나의 50대는 하나님의 마음을 시원하고도 만족하게 하는 사역자가 되려고 오늘도 기도하고 있다.

세상에서 자랑하는 3대 힘이 있다고 한다. 돈의 힘과 지식의 힘 그리고 권력의 힘이 바로 그것이다. 그러나 나는 일찍이 세상의 힘은 기대하지도 않았다. 그것들이 싫어서가 아니라 내가 그것들을 얻기에는 역부족의 사람이라고 생각했기 때문이다. 세상적으로 자신있는 부분이 나에게는 너무도 없었다. 그럴 때마다 "나는 어떤 그릇일까?", "내가 잘 할 수 있는 것은 무엇일까?"라는 질문에 나는 늘 어떤 대답도 할 수 없었다. 그렇기에 외로웠고 슬펐다. 돌, 철, 석탄 등의 광물 왕국같이 세상에는 필요하지만 그 안에 생명이 없는 인생, 식물 왕국처럼 생명도 있고 향기도 있으나 자유가 없고 한시적인 삶을 사는 것처럼 내 삶 또한 마찬가지였을 것 같다. 하지만 어린 시절부터 신앙생활을 했기에 그 안에 있던 예수의 생명이 나를 치료하였고 생명과 본능, 자유를 얻게 하였다. 그리고 나의 40대는 인간 왕국으로 생명과 감성과 이성, 의지의 전인적 건강을 회복하게 하며 은사라는 날개까지 달아주어 진리안에서 자유로운 여자가 될 수 있었다.

비록 세상의 3대 힘이 없을지라도 하나님이 주시는 힘 바로 기도와 말씀과 섬김(사랑)의 힘만 있으면 자신과 세상을 충분히 다스릴 수 있다. 내가 어떤 그릇인가보다 내가 어떤 용도로 어떻게 쓰여지고 있느냐가 중요하기 때문이다.

어느 날 우리 사역자들과 자신이 어떤 그릇인지 기도한 적이 있었다. 기도 중에 나는 내 그릇에 대한 응답을 받았다. 바로 금그릇도 아니고, 은그릇, 나무그릇도 아닌 깨진 질그릇이란 응답이였다. 처음에는 실망감을 감출 수 없었다. 아무리 그래도 그냥 질그릇도 아닌 깨진 질그릇이라니?? 순간적인 실망감은 찾아왔었지만 난 바로 고백하지 않을 수 없었다.

"주님! 맞습니다. 맞고 말고요. 깨진 질그릇같은 내가 주님 없이 어떻게 살아갈 수 있겠습니까? 주님, 나를 떠나지 마소서"

그 때 나는 애절하고도 간절하게 기도를 드렸다. 베드로처럼 "주여! 나를 떠나소서. 나는 죄인이로소이다"라고 고백할 수도 없었다. 그저 내 손으로 주님의 발을 잡는 심정이였다. 그렇게 간절히 기도하는데 얼마 후 주님은 내가 좋아하는 억새꽃으로부터 가을에 나는 각종 꽃과 과일로 장식된 너무도 아름다운 작품을 보여주셨다.

그 때 나는 깨달았다.

"주님! 맞습니다. 내가 비록 깨진 질그릇과 같을지라도 그 안에서 신앙적 열매와 아름다운 향기를 낼 수만 있다면 인생의 작품을 만드시는 창조주 하나님께서 보잘 것 없는 것을 작품화하여 명품인생으로 만드시는군요"

기독교의 성자는 죄가 없는 사람이 아니라 자기 죄악을 깊이 들여다 볼 줄 아는 사람인 것처럼 매력적이고 예술적인 그리스도인은 자신 인생의 작품을 하나님의 의도에 맞게 멋지고 아름답게 그려낼 수 있는 사람인 것 같다. 하지만 최고의 창조주 하나님께서 내 인생에 관여하여 직접 작품을 만드신다면 최상의 걸작품이 될 것이다. 깨진 질그릇이 작품이 된 것처럼 말이다. 그런 의미에서 나는 리빙스톤의 다음과 같은 고백을 좋아한다.

"내가 복음을 택한 것은 큰 사람이 되기 위함이 아니요 꼭 필요한 사람이 되기 위해서입니다"

"여호와는 나의 빛이시요 나의 구원이시니 내가 누구를 두려워하리요 여호와는 내 생명의 능력이시니 내가 누구를 무서워하리요"(시 27:1)

세상 사람들이 이해할 수 없는 기독교인들이 있다고 한다. 술 한 잔 안 먹고도 쉬지 않고 이야기할 수 있는 교인 즉 말을 잘하는 교인이 이해할 수 없는 기독교인들이란다. 천국이 그렇게 좋다면서 죽는 것을 억울해 하는 교인도 있다. 이는 내세에 대한 확신이 없기 때문일 것이다. 하나님은 한 분이라면서 교파가 왜 그렇게 많은지? 밥 먹을 때 식사 기도하면서 반찬 투정 하는 교인은 어떤가? 이렇듯 예수님을 믿는 기독교인들이지만 우리도 타파해야 할 많은 것이 있음을 부인할 수 없다. 자신의 육체가 '신'이 되어버린 이 세대를 보면서 안타까울 뿐이다.

너희가 무엇을 먹을까? 무엇을 입을까? 염려하지 말라고 하신 주님은 웰빙시대라고 외치며 육체의 건강을 위해 힘쓰는 것처럼 건강한 정신과 영혼을 위해서도 투자하고 노력하길 바라신다. 내가 아무리 많은 재능이 있고 존귀하다 할지라도 억세고 게으르며 고집스럽고 성질을 돋우는 존재라면 그런 금그릇, 은그릇은 아무 소용이 없다.

비록 내가 세상에서 환영받는 돈과 지식, 권력은 가지고 있지 않지만 마른 꽃처럼 향기도 없고 생명도 없어 하나님께서 작품화 시킬 수 없는 것들에 집착하기보다는 나에게 맡겨주신 그릇에 감사하며 살아가야 하는 게 더 현명하다고 생각된다. 세상에서 가장 행복한 사람들이 모여 있는 나라가 방글라데시라고 하는 보고는 행복은 분명 소유의 크기가 아니라 분명 감사의 크기에 비례함을 보여준다. 하나님께서도 자신의 그릇에 대해 만족하고 감사하는 자에게 행복을 느끼게 해 줄 것이다.

감사에도 수준과 단계가 있음을 알 수 있다. 다른 사람과 비교해서 상대방보다 월등한 부분에 대해서 감사하는 조건부 감사가 있다. 우리의 진정한 감사를 방해하는 적이 있다. 욕심, 비교의식, 우월감, 열등감, 두려움 등이 바로 그러하다. 이러한 감사는 진정한 감사가 아니다. 우리는 행복해서 감사한 것이 아니라 감사하기 때문에 행복해야 한다. 행복해지고 싶다면 감사의 눈을 뜨길 바란다. 전천후 감사는 항상 범사에 감사하기 때문에 행복하다. 깨진 질그릇같은 내가 믿음의 생명을 얻었고 그 생명의 씨앗을 나의 삶 전역에 전염시켰기에 장난감으로조차도 쓰여질 수 없는 보잘 것 없는 내 그릇에도 실망이나 좌절하지 않고 감사로 싹을 키워간 것이다. 그래서 하나님 마음에도 합하게 되어 나를 귀하게 쓰시는 것 같다.

나는 지금의 내 사명적 삶에 만족한다. 어쩌면 할 수 있는 것보다 부족한 것이 많은 사역자이지만 한 가지라도 할 수 있음에 감사할 뿐이다. 지극히 평범한 삶이지만 나는 매일의 삶 속에서 만나는 모든 이들에게 의미를 붙이며 감사하며 살아간다. 감사란 모든 것을 갖춘 사람이 하는 것이 아니라 하나님의 은혜를 깨닫는 자가 할 수 있다는 것을 알기 때문이다. 나에게 베풀어 주신 하나님의 은혜가 나에게 있어 초월적인 감사를 하게 만든다. 이해할 수 없는 상황에서라도 "하나님의 무슨 뜻이 있겠지"라고 단순한 마음으로 하나님을 신뢰하게 된다. 사람은 단순한 만큼 여유로워지는 것 같다. 여유 없는 삶은 피로를 주고 여유 있는 삶은 활력을 준다. 여유 없는 삶은 바쁘게 만들고 여유 있는 삶은 평화롭게 한다.

바울은 자신에게 있던 육체의 가시를 겸손하게 받아들이며 자고하지 않기 위한 하나님의 배려라고 감사했다. 나 또한 많은 재능과 실력의 사람이 아님에 감사한다. 부족하기 때문에 기도할 수밖에 없고 연약하기 때문에 하나님의 능력을 다운받으려 매달리기 때문이다. 나를 하나님의 예술적 작품으로 완성시키려면 세상 영광에 집착할 수가 없다. 나는 꿈은 다 이루었지만 그 꿈을 하나님의 선하시고 필요한 것으로 작품화 시키려면 오늘도 나태할 수가 없다. 오늘은 내일을 위해 투자하는 날이기 때문이다. 나를 알고 내 삶의 목적을 분명히 세웠기에 하루 하루가 의미있고 뜻이 있어야 한다. 삶의 의미란 공기와 물만큼이나 중요하기 때문이다. 또한 관계의 의미도 크게 바뀌었다. 고정된 관계가 아닌 하나님의 라인으로 바뀌었다. 가족의 의미나 자녀의 의미, 친구의 의미 등도 바뀌어 가고 있다. 오늘 내 삶의 바운더리가 하나님의 라인으로 조정된다면 난 노후에도 외롭지 않을 것 같다. 내가 우연히 태어난 존재가 아니듯 당신과의 만남도 우연이 아님을 안다. 당신은 내가 사는 의미요, 내가 사는 목적 중 하나이기 때문이다.

나는 하나님이 내 인생을 관리하시기 때문에 다른 사람과 비교하지 않을 것이다. 그렇기에 재주꾼을 부러워하지도 않을 것이다. 비록 작은 것 하나를 받았을지라도 감사함으로 죽도록 충성하면 그것으로 족하다. 내가 태어난 목적을 향해 나는 고행이 아닌 여행을 하며 내 인생의 기행문을 쓰면서 조이고 기름주고 보완해 갈 것이다. 항상 미래는 오늘부터 시작된다는 것을 잊지 않고 '오늘'을 소중히 여기는 마음으로...

또한, 나는 나를 하나님의 눈으로 볼 것이다. 육신의 눈은 나를 좌절시키고 부정적 에너지를 넣어주기 때문이다. 그러나 하나님은 나를 부족하다고 보지 않으시고 독특하다고 보시기에 내가 소중한 존재임을 알게 하셨다. 하나님께서 인정하는 한 내 안에는 자신감이 가득하다. 행복의 유산소가 나를 열정 있게 만들며 최선을 다하게 한다. 나는 부족한 것이 많아도 행복하기로 결심한 사람이다. '지피지기(知彼知己)'의 정신을 잃지 않으면서 말이다.

"안락한 삶을 위해 기도하지 말고 강한 자가 되기를 위해 기도하라. 당신의 능력에 맞는 일을 구하지 말고 당신 일에 맞는 능력을 구하라" (필립스 부룩스)

기도의 유산을 남겨라

"뱀같이 지혜롭고 비둘기같이 순결하라"(마 10:16)

성경의 입다(삿 12장)라는 이스라엘의 사사는 이해하기 힘든 사람 중에 하나이다. 전쟁에 나아갈 때 하나님께서 적군을 무찌르게 해 주신다면 돌아올 때 자신의 집 문 앞에 나와서 자신을 영접하는 자를 번제물로 드리겠다고 서원했던 사람이기 때문이다. 그 서원이 너무도 즉흥적이고 감정적이며 균형 잡히지 못한 성품이라 여겨진다. 하나님을 바로보지 못한 처사였고 자신의 인격 수

준에 하나님을 맞추려 했던 행위가 참으로 위험해 보이기까지 한다. 어쨌든지 간에 전쟁에서 승리하고 돌아오는 입다를 제일 먼저 맞이한 것은 소고를 잡고 춤을 추며 나오는 그의 딸이었다. 딸이 나올 것이라고는 미처 생각하지 못했을까? 옷을 찢으며 어찌할꼬를 외치는 아비에게 그의 앞에서 그의 딸은 담대히 말한다.

"아버지께서 하나님에게 서원한대로 하되 두 달 동안 친구들과 슬퍼할 시간을 주세요"

참으로 놀라운 광경이 아닐 수 없다. 지금 상황이라면 아버지의 서원을 이루기 위해 자신을 제물로 드릴 자녀가 있을까? 물론 상황은 다르지만 이삭 역시 아버지의 믿음 테스트의 제물이 되고자 했었다. 입다의 딸이나 이삭은 분명 성경 속의 '심청이'임에 틀림없다.

돌아보면 나는 목회를 하면서 우리 딸에게는 우선권을 준 적이 없는 것 같다. 우리 딸은 항상 성도들과 함께 존재하는 목회자의 자녀일 뿐이었다. 나는 목회자의 강아지까지 사역에 동참해야 한다는 생각을 갖고 있었다. 또한 함께 사역에 동참시키기 위해 어릴 적부터 목회자의 자녀임을 강조시켜 왔다. 그뿐인가? 받은 사랑을 강조하며 그에 대한 책임까지 얹어주곤 했다. 또래 아이들과 함께 지낼 때도 영화 엄마라는 것으로 인해 사모님이라는 마음이 멀어지지 않도록 조심하고 또 조심했다. 그러다 보니 성도들에게는 우리 사모님이라는 마음은 주었을지 몰라도 딸에게 있어서는 우리 엄마라는 이미지가 점점 어색했을지도 모른다. 지금은 성숙하여 엄마의 모든 것을 이해한다지만 나름대로 많은 상처가 있었으리라 생각되니 마음이 아프고 딸에게 이 책으로나마 용서를 구하고 싶다.

사랑하는 내 딸 영화에게..

사랑하는 영화야! 미안하구나.
네가 어렸을 때 어리광을 받아주지 못한 점이 미안하구나. 어리광이 통하지 않는 엄마였기에 넌 어릴 적에도 떼를 쓴다거나 너의 뜻을 강하게 요구한 적도 반항한 적도 없었다는 것을 잘 안단다. 엄마는 어리광을 부리지 않는 너의 모습에 독립심이 강한 아이라고 대견하게 느꼈을 뿐 그 뒤에 있던 너의 아픔은 전혀 생각하지 않았던 것 같다.

또한 좋은 것을 먹어야 한다는 것을 알기에 모유를 먹였고 그 때의 행복은 이루 말할 수 없었지. 너 또한 무척 행복한 표정이었단다. 그렇게 행복해 하는 너에게 6개월이 지난 후 갑자기 젖을 떼어야 했지. 집사님 한 분이 위암 선고를 받고 아파하는 모습을 보니 금식 기도를 하지 않을 수 없었고 모유도 부리나케 떼어야만 했지. 신체적 접촉을 충분히 해줘야 하는 시기에 기도에 방해가 될 까봐 너를 독립적으로 키운 것이 훗날 신체 접촉이 그리워 다른 사람의 팔을 만져야 잠이 드는 너를 보고 가슴이 얼마나 아프던지...

부족한 엄마의 보살핌에도 불구하고 우리 딸은 잘 자라준 것 같아 감사하구나. 일찍 철이 든 너는 아주 어린 나이에도 시장에서 장을 보고 나면 무거운 짐은 엄마가 들면 안 된다고 하며 내 짐까지 빼앗아 달아나곤 했지. 그런 너를 보며 대견스럽게만 보았던 내가 부끄럽기만 하구나. 너에 대한 배려가 많이 부족하여 정서적으로 빈곤할까 염려도 했지만 넌 지금 엄마보다 훨씬 풍부한 감정을 가진 사람으로 성장했고, 오히려 타인에 대한 배려가 엄마보다 훨씬 더 깊고 넓더구나. 이 모든 은혜는 하나님께서 기도하는 엄마를 불쌍히 보신 것이요, 아빠의 역할이 컸던 것 같구나. 아빠의 따뜻한 사랑의 품 속에서 위로받고 키워진 너의 성품에 참으로 감사할 뿐이야.

돌도 되기 전 대소변을 가리게 하기 위해 사감 선생님처럼 굴었던 엄마의 모습이 각인되어 두려운 엄마가 된 것 같구나! 두려운 엄마가 어린 너의 자유와 행복을 빼앗아 버리는 영향을 끼친 것 같구나.

 어디 그것 뿐이니? 시끄러운 것, 흩어진 것 싫어하는 엄마를 위해 넌 아기때부터 진열된 그 많은 인형들을 한 번도 끌어내린 적이 없었지. 아장 아장 겨우 걷는 아이가 울 때 조차도 벽에다 손을 대고 숨바꼭질의 술래처럼 흐느껴 울곤 했던 것 기억 할런지 모르겠구나. 새벽기도 때에는 기도에 방해가 될까봐 조용히 혼자 남겨두고 가면 그 시간에 혼자라는 것을 아는지 너는 엄마가 올 때까지 깨어서 울고 있었지. 그래도 늘 엄마는 너를 혼자두고 갔었지. 지금 생각하면 어린 네가 얼마나 어둠 속에서 무서웠을까 하는 생각에 마음이 아프고 가슴이 매여 온단다. 그 모든 것이 엄한 엄마, 꾸짖는 엄마가 만들어 낸 억압된 너의 모습이였다는 것을 깨닫게 된지는 이 엄마도 오래지 않구나. 지금도 유난히 애완동물을 좋아하는 너는 얼마 전에도 조그마한 햄스터가 갖고 싶다며 엄마가 싫어할까봐 망설이고 망설이는 모습에서 엄마의 마음이 아팠단다.

 유난히 호기심 많은 우리 딸, 이제 진리 안에서 자유하거라. 지금은 너의 실패를 나무라지 않고 격려할 만큼 엄마도 여유로워졌단다.

 영화야, 미안하다! 너의 아픔을 외면한 엄마를 용서해다오. 이제 엄마는 너를 생각하고 기도할 때마다 감사뿐이란다. 엄마를 엄마 되게 해 준 너, 엄마보다 훨씬 좋은 품성을 타고난 너, 배려하고 섬기는 자세가 엄마보다 더 폭이 넓은 너를 생각하면 어찌 감사하지 않을 수 있을까?

우리 딸아, 엄마 인생의 동반자가 되어 주어서 감사하구나. 이제는 엄마가 살아온 삶의 경험들을 나누며 너에게는 엄마가 시행착오하여 허비했던 시간들을 줄여주고 싶구나. 왜냐하면 이 땅에서 해야 할 일이 너무 많기 때문이란다. 엄마의 기도 사랑이 할머니로부터 전수받은 유전인 것처럼 엄마 인생의 완전 정복인 기도의 키를 너에게 물려주고 싶구나. 아빠, 엄마가 무슨 유산을 너에게 남겨줄 수 있겠니? 세상적인 것들은 물려줄 수 없지만 너의 인생을 책임져 줄 기도의 마스터키는 꼭 전해주고 싶구나. 이것을 네가 세상의 그 어떠한 보물보다 소중하게 여겼으면 좋겠다. 녹슬지 않도록 늘 사용하거라. 기도가 어려울 때만, 필요할 때만 쓰여지는 도구가 된다면 녹이 쓸 수 밖에 없겠지. 그러나 기도가 주는 교훈은 '지금 하라' 는 것이란다. 지속적으로 지금부터 시작하고 연속성이 있을 때 우리에게 축복을 가져다주는 천국의 키가 될 것이라는 사실을 명심하길 바란다.

너가 기도를 통해 인생을 성공시키길 원한다면 평범한 기도를 넘어서야 할 것이야. 비전의 크기만큼 기도하길 바란다. 비전이 높을수록 채워야 할 기도의 벽돌이 많다는 것을 알거라. 너의 꿈과 비전은 기도의 벽돌이 쌓아져 하나님께 인정될 때 이루어지는 것임을 명심하길 바란다. 또한 이기적인 기도를 피하거라. 내 욕구를 채우기 위한 기도는 하나님께 크게 어필되지 않을 것이란다. 하나님이 쓰시기에 합당한 사람이 되기 위해서 기도해야 한단다. 뿐만 아니라 자신의 형통보다 다른 사람을 위한 중보기도가 자신의 인격을 빠르게 성숙시킬 수 있다는 사실도 있지 말거라.

평범한 기도를 뛰어 넘는 기도, 이기적인 기도를 초월하는 기도가 중요하듯 더 중요한 것은 쉬지 말고 기도 하는 것이란다. "항상 기뻐하라 쉬지 말고 기도하라 그리고 범사에 감사하라"(살전 5:16-18)

이 기도의 유산이 외할머니로부터 내려왔고 엄마는 그 기도를 통해 인생의 새로운 패러다임을 갖게 됐단다. 이 축복된 기도를 유산으로 받으려면 하나님의 영광을 위해 일하되 기뻐하는 마음과 감사의 마음이 늘 동반되길 바란다. 너의 모든 삶과 사명이 기도로 흘러가게 되길 바랄 뿐이야. 기도보다 앞서지 말고 기도보다 더 큰 욕심은 금물이란다. 정말 욕심을 내야 할 것이 있다면 기도와 사랑이란다. 기도와 사랑은 욕심을 내는 만큼 하나님께서 영광을 받으시기 때문이지.

기도는 하나님으로부터 온 사람들에게 가장 큰 선물이기에 이 기도를 너에게 유산으로 남겨주고 싶구나. 너의 일생이 기도와 사랑에 빠져 기쁨과 행복의 열매가 있길 축복한다.

너를 부족한 엄마에게 보내주신 하나님께 감사한다. 지금 이 순간 멀리 있는 나의 딸이 너무도 보고 싶구나. 영화야, 사랑한다.

"눈물을 흘리며 씨를 뿌리는 자는 기쁨으로 거두리로다 울며 씨를 뿌리러 나가는 자는 정녕 기쁨으로 그 단을 가지고 돌아오리로다"(시 126:5-6)

편지의 고백처럼 딸 아이에게 많은 것을 해 주지 못했지만 단 한 가지 해 준 것이라고는 눈물의 기도였다. 그렇다. 눈물의 중보기도 가운데 흘린 소망의 기도가 감사의 기도가 되어 기쁨과 찬양으로 흘리는 눈물이라면 그 눈물의 기도는 최상의 보물 상자일 것이다. 그 아름다운 보물 상자를 자녀들에게 유산으로 남기길 바란다.

존 웨슬리는 초대 교회의 모범을 따라 일주일에 한 두 번씩 차 마시는 시간까지 금식하였다. 그는 또한 자신의 제자들에게까지 그와 같이 행하도록 권면하였다. 그는 금식하지 않는 사람은 주님의 고난에 한 번도 동참하지 않는 사람으로 취급하기까지 했다.

또한 요나단 에드워드는 금식과 기도에 능한 사람이였다. 때로는 금식으로 인해 강단에서 쓰러지기도 하였다. 그러나 그의 영성은 뉴잉글랜드를 뒤집어 놓을 만큼 위대했다. 금식기도는 자신을 하나님의 사람으로 만들어

가는데 필수 도구이다. 이런 아름다운 습관을 가진 자라면 금식 기도를 유산으로 물려주길 바란다. 기도는 인생이 힘들 때만 사용하는 비상키가 아니다. 내 인생의 전인적인 삶을 주관하는 유일한 예수님의 유산이다. 예수님도 당신이 사용하신 기도를 제자들에게 가르쳤고 소중한 보물로 물려주셨다.

"기도 외에 다른 것으로는 이런 유가 나갈 수 없느니라"(막 9:29)

또한 곡조 있는 기도인 찬송하는 것을 유산으로 물려주자. 심프슨은 "찬양은 육체적 강정제요 건강에 좋은 흥분제"라고 하였다. 요즘은 남녀노소 할 것 없이 건강을 위해서라면 가리지 않고 몸에 좋은 것이라면 다 먹고 마신다. 그러나 최고의 건강식품은 '찬양'이다. 건강하길 원한다면 찬양의 기도를 유산으로 남겨주길 바란다. 찬양은 우리의 생각을 명료시킨다. 그렇기에 우리의 영혼이 깨끗하고 맑아진다. 우리의 기도에 힘을 실어주고 믿음을 배나 증가시킨다. 찬양을 통해 확신과 결단이 빠르게 진행되기도 한다. 부모는 자식의 모델이다. 그렇다면 기도의 모델이 되어 주길 바란다. 사소한 것까지 기도하는 습관을 보여주어야 한다.

무릎을 꿇어라. 그리하면 당신의 인생이 승리할 것이다. 불완전한 사람일지라도 기도의 사람은 하나님께서 반드시 쓰시기 때문이다. 나는 기도의 가장 뛰어난 위인을 리빙스턴이라고 생각한다. 왜냐하면 그는 무릎을 꿇고 기도하다가 세상을 떠났기 때문이다. 마틴 루터는 기도의 사람이였기에 모난 성품을 다스려가며 엄청난 일 즉 종교개혁을 일으켰다. 그는 고백한다.

"나는 내 기도가 사단보다 강하다고 생각한다. 내가 단 하루라도 기도를 소홀히 했다면 신앙의 힘을 많이 상실했을 것이다."

우리가 어떻게 주의 길을 예비할 것인가? 그 길은 오직 기도뿐이다. 즐거운 마음으로 기도하자. 하나님의 말씀에 귀를 기울이며 기도하자. 기도할 때 부르는 찬송가 가사에 깊이 빠져들 때 깊은 기도를 경험하게 된다.

"♪기도는 우리의 안식 빛으로 인도하네

앞이 캄캄할 때 기도 잊지 마세요♪"

하나님께서 사람과의 축복의 다리로 만들어 놓으신 기도를 유산으로 물려주자. 기도는 하나님께 사용되는 진정한 도구이다. 기도는 비전을 이룰 수 있는 징검다리이다. 기도는 자신을 통제하여 건강한 자아로 만들 수 있는 강장제이다. 기도는 공중 권세 잡은자와 세상을 다스릴 수 있는 강력한 무기이다.

편집후기

　마지막 원고를 건네받고 모든 작업을 막 끝냈습니다.
　10월의 마지막 날 보내온 사모님의 문자 메시지는 나를 또 긴장시켰습니다. 책을 낸 것이 불과 얼마 되지 않았는데 또 책을 준비하시겠다는 말씀이셨습니다. 어떤 결정도 기도하지 않고는 쉽게 실행하는 분이 아니시기에 나는 그대로 순종해야 했습니다. 그것이 나의 사명이기도 하니까요. 하지만 그러기 위해서는 저 자신도 준비가 필요했습니다. 물론 나의 역할은 사모님이 주시는 원고를 그대로 타이핑하는 일이지만 그렇지도 않습니다. 매일 주시는 원고를 타이핑 하고 그날의 분량을 보실 때면 어느 날은 '어, 오늘은 하드가 꽉 찼나보다' 라고 말씀하십니다. 다른 날과 다를 바 없이 주신 대로 치는 것이지만 그 상황에서도 사모님은 나의 영적 상태를 파악하시는 분이십니다. 절대 나를 숨길 수가 없지요.

그러니 이렇게 중요한 임무를 앞두고 나는 쉽게 이 일에 뛰어들 수 없었습니다. 그래서 작정한 것이 하루 한 끼 금식과 미디어 금식이였습니다. 어떻게 하면 사모님이 맛있게 만든 요리를 보기 좋게 장식하느냐가 저의 기도 제목이기도 했습니다. 10여 년간 목사님, 사모님을 가장 가까이서 보아왔고 생활해서 두 분을 잘 안다고 말할 수 있습니다. 그래서 사모님의 말과 행동, 버릇까지도 잘 압니다. 그렇지만 사모님의 보이는 모습은 흉내 낼 수 있어도 사모님의 마음과 영성까지는 흉내 낼 수는 없다는 것을 너무도 잘 알고 있기에 나는 성령님의 도움을 받지 않을 수 없었습니다.

누군가가 사모님에 대해 물어보면 저는 주저하지 않고 말합니다. 우리 사모님은 기도하는 분이요, 영성이 깊은 분이라고 말입니다. 저 뿐만 아니라 모든 성도들의 대답도 그럴 것입니다. 그 만큼 사모님하면 떠오르는 것이 '기도' 입니다. 사모님은 기도하면서 사랑하는 법을 배우셨고, 기도하면서 지혜를 얻으셨고, 기도하면서 다른 사람을 용서하셨습니다. 그래서 우리는 기도하는 사모님을 좋아합니다. 사랑합니다. 존경합니다.

사모님의 기도 자리에는 커다랗고 푹신한 방석과 휴지 그리고 성경책이 늘 있습니다. 교회의 문 바로 옆에 있는 그 자리는 사모님의 기도처입니다. 기도하는 사모님을 보면 꼭 군대에서 보초를 서는 사람같다는 생각을 하곤 합니다. 우리 교회와 성도들을 지키기 위해 문 앞에서 기도로 보초를 서는 것 같습니다. 그리고 그것이 사실이기도 합니다. 성도들은 무슨 문제만 생기면 주택으로 달려옵니다. 성도들은 사모님이 기도하면 무엇이든지 해결책이 나올 것이라는 확신을 가지고 있는 것 같습니다. 자녀가 감기가 걸리고, 눈병이 나도 병원에 가면 쉽게 나을 것도 꼭 목사님, 사모님께 먼저 와서 기도를 받고 갑니다. 그리고 그 아이들은 이렇게 고백합니다.

"목사님, 사모님이 기도해 주셔서 다 난 것 같아"

이렇게 보면 사모님의 능력은 대단합니다. 아니 사모님의 기도를 통한 성령의 능력이 대단한 것이지요. 우리 성도들이 사모님의 기도라는 품 안에서 보호받으며 신

앙 생활의 기쁨을 체험하고 누리는 것은 우리에게 큰 감
사의 조건임을 잘 알고 있습니다.

　사모님의 모습을 보며 저 또한 같은 길을 다짐했습니
다. 저의 비전을 고백하다 보면 때때로 사람들이 이렇게
말합니다. 행복하게 목회하는 너희 목사님, 사모님만 봐
서 그렇다고 말입니다. 10명이면 9명의 사람이 목회라
는 것이 축복된 길이지만 결국은 힘들다고 결론을 내리
고 맙니다. 그러나 단 한 명, 사모님은 그들과 반대로
말하십니다. 분명 힘들고 어려운 길이지만 참으로 행복
한 일이라고 말입니다. 저는 9명의 사람들의 말보다 1
명을 따를 것입니다. 그것은 단순한 도박이 아니라 주님
이 주신 사명에 행복해 하는 사모님의 모습을 저도 느끼
고 확신하기 때문입니다.

　사모님이 영적 자서전이라고 이름붙일 만큼 귀한 집필
과정에 조금이나마 도움을 드릴 수 있어 감사한 기간이
였습니다. 고도의 정신 집중이 필요한 일이여서 부담감
도 있었으나 하루 하루 원고를 받아들 때마다 어릴 적

순정만화의 다음 편을 기대하는 설레임과 보물 상자를 열어 볼 때의 호기심으로 가득했습니다. 그만큼 그동안 내가 미처 몰랐던 사모님의 모습들을 볼 수 있었습니다. 평소 말씀 중에도 자신은 부족한 사람이었다고 고백을 하셨는데도 성숙한 후의 사모님만이 내 마음에 자리잡고 있었던 터라 실감이 나지 않았습니다. 사모님은 원래 그렇게 특별한 분이라고 생각했습니다.

이제는 사모님이 왜 그토록 기도를 소중하게 생각하시고 성도들에게 요구하시는지, 또한 성도들이 죽기까지 성장하기를 바라시는지 알 것 같습니다. 그 모든 것이 자신의 경험에서 나온 확신이기에 더욱 간절히 외치셨다는 것을 이제야 깨닫게 됩니다.

그리고 제가 그랬던 것처럼 이 책을 접하는 모든 분들에게 성령께서 귀한 진리를 발견하는 길로 안내하길 기도드립니다.

2007년 11월.
당신을 본받고 싶은
당신을 사랑하는 한 제자로부터

【이 글을 닫으며】

나는 얼마 전 목회의 재산인 기도하는 권사님을 천국
으로 보내드렸다. 우리 권사님은 낙타무릎이란 애칭을
갖고 있었으며 목사님을 위해 전적으로 기도를 전담하
시던 분이였다. 권사님을 볼 때마다 기도의 적금을 넣는
것처럼 든든했는데 하나님 앞에 만기가 되어 데려가신
것 같다. 마음이 저리고 아파도 아파할 수가 없었다. 하
나님은 그 분을 데려가시면서 제일 슬퍼할 사람이 누구
인지를 아셨는지 그 분의 죽음을 미리 예고해 주셨고 마
음의 준비를 하게 하셨다가 예정대로 옮겨 놓으셨기 때
문이다.

하늘 나라에 계신 낙타무릎 권사님께!

권사님! 60평생 교회 생활을 하셨지만 분명한 색깔없이 신앙생활 하셨던 권사님은 우리 부부에게는 잊을 수 없는 분으로 우리 부부가 사랑의 빚을 많이 졌습니다. 혼자 있으므로 자유했던 생활을 목회자와 교회에 묶여 교회의 전체적인 일들을 세월과 시간에 구애받지 않으시고 헌신하신 자국이 때마다 순간마다 권사님의 손길을 느끼게 합니다.

먼저 권사님께 죄송한 마음을 올려 드려야 할 것 같습니다. 2개월 동안 병상에 계실 때나 주님의 부르심이 임박했을 때 까지 꼭 해야 할 말을 하지 못했습니다. 권사님 그 동안 교회 일 하느라 수고하셨다고 그 동안 목사님을 위해 기도하신 것 진심으로 감사하다고 말씀드리지 못한 것 정말 죄송합니다.

권사님! 권사님이 떠난 그 많은 자리들. 성찬예식 준비, 매일 매일 신발장과 교회 청소, 교회의 큰 일과 각종 때마다 리더의 자리, 김장철 당신이 보여주었던 넉넉함까지 여러 성도들이 하나씩 나누어서 잘 하고 있습니다. 그런데 목사님을 위해 당신처럼 헌신한 자리는 아직 비어 있어요. 물론 목사님의 능력을 위해 물질로 그 자리를 메우고는 있지만 새벽에 목사님이 자리에서 일어나시기 전까지 지켜 기도했던 그 자리, 낮 1시에 모든 일을 제쳐두고 기도했던 그 자리, 저녁 9시에 눈물로 목사님 사역을 위해 기도했던 그 자리는 쉽게 누구도 채울 수 없나 봅니다.

권사님이 이 땅에 사시는 동안 행복하다고 고백하면 비웃는 사람들도 많았지요. 그럴 수도 있겠다는 생각이 듭니다. 인간적인 눈으로 보면 운명에 의해 버림받고 남편과 세상에 버림받고 자녀에 대한 기대보다는 너무도 무거운 짐을 자녀로부터 지고 있었기에 그 아픔과 절망이 비웃음거리가 될 수도 있겠지요. 그러나 당신의 운명은 버림받은 것이 아니었습니다.

예수님을 만난 나사로의 가정처럼 축복의 기회를 얻게 됐지요. 가난했지만 믿음은 부자였고, 세상 사람들이 인정하지 않아도 목회자가 인정하면 당당함을 잃지 않았던 권사님. 자식 둘을 앞세우고도 목회자를 통해 받은 사명 때문에 슬퍼하고 좌절할 기회조차 잃어버렸던 당신이기에 인생 마지막을 정리하는 부분까지 목회자에게 모두 맡기고 떠나신 당신입니다. 당신께서 헌신한 그 자리들을 바라볼 때마다 심장이 조여오고 통곡하여 한 번 울고 싶은데 주님께서 내게 주신 위로 때문에 한 번도 못하다가 오늘 새벽 당신께 고마웠다고 감사했다고 눈물로 고백했습니다.

권사님! 자식이 죽으면 부모 가슴에 묻는다고 하지요. 물론 권사님의 유해를 기도원 제일 좋은 곳에 수목장 했지만 아닙니다. 내 가슴에 묻었습니다. 바로 내 가슴에…

하나님께서 나에게 한 사람의 아픔과 괴로움과 불행을 덜어준다 추천하라 하시면 그것은 곧 당신이였을 것입니다. 권사님을 생각하면 권사님의 음성이 들리는 것 같습니다. 당신을 생각하며 가슴 아파하는 나를 위로 하는 것이 느껴집니다.

"사모님! 나 너무 행복해요. 내가 이생에서 수고한 값치고는 너무 편안하고 행복한 자리에 있어요. 걱정하지 마세요” 매일 매일 느끼는 권사님의 음성입니다.

권사님! 사랑했습니다. 아니 지금도 사랑합니다. 당신은 우리 부부의 목회에 너무도 많은 흔적을 남기신 분입니다. 그 사랑의 흔적 잊지 않고 사명 다하다가 천국에서 뵐께요. 이선희 집사 이후로 나를 뜨겁게 반겨줄 권사님이 계시기에 천국을 더 소망하게 됩니다. 부끄럽지 않는 모습으로 가겠습니다. 그 때 예수님께 이렇게 말하세요.

“주님! 우리 목사님, 사모님이예요”

이 책은 지금 나를 있게 하고 신앙의 사람, 기도의 사람이 되도록 믿음의 유산을 물려주신 나의 어머니 김중란 권사님과 85세의 연세에도 며느리의 책이라는 것만으로 은혜가 되어 깊은 밤을 세워가며 읽고 또 읽어 은혜와 감사로 영광을 돌리시는 나의 시어머니 정애신 권사님.

그리고 늘 함께 있어 주지 못해 미안한 마음을 갖고 있던 나에게 성숙한 모습으로 성장하여 미안한 마음보다 감사한 마음을 갖게 해 주는 우리 딸 영화에게 바치고 싶습니다.

기도는 내 인생의 완전정복이다

초판 1쇄 ■ 2007년 12월 25일

지 은 이 ■ 임교희
펴 낸 이 ■ 채주희
펴 낸 곳 ■ 해피&북스

등록번호 ■ 제13-1562호 (1985. 10. 29)
주　　소 ■ 서울시 마포구 합정동 433-62
전　　화 ■ (02) 323-4060, 322-4477
팩　　스 ■ (02) 323-6416
이 메 일 ■ elman1985@hanmail.net

I S B N ■ 978-89-5515-273-9　　03230

값 10,000원